Geschlecht. Macht. Arbeit.

Reihe

Frauenstudien Baden-Württemberg

Herausgegeben
von Christel Köhle-Hezinger

Band 8

Geschlecht.
Macht.
Arbeit.

Kategorien in der historischen Frauenforschung

Herausgegeben von
»Frauen & Geschichte Baden-Württemberg«

Silberburg·Verlag

Vom 16. bis 18. September 1994 fand in Bad Boll die Tagung »Geschlecht. Macht. Arbeit.« statt. Sie wurde veranstaltet von der Koordinationsgruppe »Frauen & Geschichte Baden-Württemberg«.

Die Tagung wurde durchgeführt mit Unterstützung der Evangelischen Akademie Bad Boll, der Landeszentrale für politische Bildung und des Ministeriums für Familie, Frauen, Weiterbildung und Kunst Baden-Württemberg.

Mit der vorliegenden Dokumentation werden die Vorträge und Referate, die auf der Tagung gehalten wurden, sowie in kurzer Zusammenfassung die Diskussionsergebnisse gesammelt publiziert.

Die Publikation wurde gefördert vom Ministerium für Familie, Frauen, Weiterbildung und Kunst Baden-Württemberg und der LG-Stiftung Kunst und Kultur.

1 2 3 4 5   99 98 97 96 95
Redaktion: Susanne Asche, Barbara Guttmann, Susanne Jenisch,
Gerrit Kaschuba, Heide-Marie Lauterer, Susanne Maurer,
Sylvia Paletschek, Karin De la Roi-Frey, Sylvia Schraut.
Druck: Difo-Druck, Bamberg.
Printed in Germany.

ISBN 3-87407-214-2

Inhalt

Anhang

Sylvia Paletschek

Einleitung

Geschlecht. Macht. Arbeit.« Unter diesem Titel fand vom 16. bis 18. September 1994 in Bad Boll eine Tagung zur Frauengeschichte statt – organisiert von der Koordinationsgruppe »Frauen & Geschichte Baden-Württemberg«. Die Tagung wurde durchgeführt mit Unterstützung der Evangelischen Akademie Bad Boll, der Landeszentrale für politische Bildung und des Ministeriums für Familie, Frauen, Weiterbildung und Kunst Baden-Württemberg.[1]

Im Zentrum der Tagung stand neben dem inhaltlichen Schwerpunkt die Gründung des Vereins »Frauen & Geschichte Baden-Württemberg«. Ziel sollte es sein, die theoretisch-thematische Arbeit – sprich die Frage nach dem Verhältnis von Frauen und Macht in der Geschichte – mit der Praxis, das heißt der aktuellen Situation historisch arbeitender Frauen, zu verbinden. Beabsichtigt war auch, durch unterschiedliche Zugangsweise zum Thema – beispielsweise aus der Perspektive der Geschichtswissenschaft, der Kirchengeschichte, der Pädagogik und der automomen Frauenforschung – der Komplexität der Fragestellung gerecht zu werden.

Diese Multiperspektivität sollte aber auch das Ansinnen des Netzwerks »Frauen & Geschichte Baden-Württemberg« verdeutlichen, unterschiedliche historische Disziplinen und Arbeitsbereiche zu verbinden und herkömmliche Kriterien historischen und wissenschaftlichen Arbeitens kritisch zu hinterfragen.

Die in diesem Band zusammengefaßten Beiträge dokumentieren zum einen die Vorträge, Diskussionen und Veranstaltungen dieser Tagung. Zum anderen wurden im nachhinein zentrale Ergebnisse und Problemstellungen, die sich im Verlauf der Diskussion ergaben, aufgegriffen und vertieft:

So beleuchtet Susanne Maurer das Verhältnis von Frauenforschung und Frauenbewegung. In ihrem Beitrag reflektiert sie die Erfahrung mit verschiedenen Erwartungshaltungen auf der Tagung und die daraus resultierenden Mißverständnisse und Verletzungen: »The sunny side of the street... Oder: Gibt es einen ›richtigen‹ und einen ›falschen‹ Feminismus in der Geschichtsforschung?«

■ Gerrit Kaschuba und Brigitte Furche erläutern die didaktische und erkenntnistheoretische Konzeption ihrer Vorstellungsrunde zu Beginn der Tagung. Durch die Bezugnahme auf ausgewählte Biographien von herausragenden historischen Frauengestalten sollte den Teilnehmerinnen ein Erfahrungsaustausch in Anknüpfung an die eigenen Arbeits- und Forschungsfelder sowie eine Reflexion über die individuellen Erkenntnisinteressen an Frauengeschichte ermöglicht werden.

■ Auf der Tagung wurde deutlich, daß der Bereich der Frauengeschichtsvermittlung bisher sträflich vernachlässigt wurde. Marion Aicher und Silke Lehmann beschäftigten sich deshalb mit der Beziehung zwischen Frauengeschichtsforschung und Didaktik. Sie stellen die bisherigen Defizite und auch die Probleme der Behandlung frauen- und geschlechtsgeschichtlicher Themen im Schulunterricht dar. Sie fragen nach den Auswirkungen eines »geschlechtsblinden«, tatsächlich aber auf die männliche Lebensperspektive abgestimmten Unterrichts für die Indentitätsbildung von Mädchen und Jungen.

■ Damit unsere Aktivitäten zur Förderung historisch arbeitender und interessierter Frauen nicht dem Dunkel der Geschichte anheimfallen, beschreibt Susanne Jenisch kurz die Geschichte der Gründung des Vereins »Frauen und Geschichte Baden-Württemberg« und beleuchtet die Situation der Frauen- und Geschlechtergeschichte in Baden-Württemberg.

■ Für diejenigen, die aktiv werden und sich stärker mit Frauengeschichte beschäftigen wollen, informiert ein »Serviceteil« über Anlaufadressen und Projekte zur Frauengeschichte in Baden-Württemberg.

Im folgenden will ich etwas ausführlicher die in diesem Band veröffentlichen Tagungsvorträge vorstellen und den Hauptstrang der Diskussionen auf der Tagung nachzeichnen. Es soll auch versucht werden, eine Verbindungslinie zwischen den Beiträgen zu skizzieren. Zunächst eine Vorbemerkung zur Wahl des Themas, die an ein Desiderat der 1993 in Urach veranstalteten Tagung anknüpfte. Waren dort in einem breiten Überblick Ergebnisse der Frauengeschichtsforschung in Baden-Württemberg vorgestellt worden, so sollte nun eine enger gefaßte Fragestellung verfolgt werden. Auch sollte in diachroner Betrachtungsweise die Bedeutung von verschiedenen historischen Kategorien in ihrem Verhältnis zum Faktor Geschlecht anlysiert werden.[2]

Entsprechend spannten sich die Vortragsthemen in einem weiten Bogen vom Mittelalter bis zur Zeitgeschichte und beleuchteten ausgewählte Lebens- und Handlungssituationen von Frauen, in denen das Zusammenspiel der Faktoren Geschlecht und Macht in zeittypischer Form aufschien.

Der Beitrag von Sylvia Schraut »Frauen und Macht. Auf der Suche nach dem Verhältnis des ›schwachen Geschlechts‹ zum Bewegungsfaktor ›Macht‹ in Geschichte und Gegenwart« führte in die Thematik ein.

Sylvia Schraut untersuchte das Verhältnis von Frauen und Macht unter verschiedenen Blickwinkeln. Zunächst beschäftigte sie sich mit dem Aspekt von Frauen und Macht in der Geschichtswissenschaft und der Frage nach dem derzeitigen Stellenwert der Frauen- und Geschlechtergeschichte in der deutschen Historiographie. Sie kam dabei zu dem Ergebnis, daß Frauen- und Geschlechtergeschichte trotz einer mittlerweile beeindruckenden Palette von Forschungsergebnissen immer noch ungenügend in die sogenannte Allgemeingeschichte eingebettet ist und die Kategorie Geschlecht nur zögernd in neuere sozialgeschichtliche Arbeiten aufgenommen wird. Ihre weiteren Ausführungen zur Bedeutung der Kategorie Geschlecht und besonders zur Frage, ob Frauengeschichte nur mit »feministischem Glaubensbekenntnis« betrieben werden dürfe – was sie verneinte – führten im Anschluß an den Vortrag zu einer lebhaften Diskussion. In den Redebeiträgen wurde betont, daß zum einen der Kontext und der Verwertungszusammenhang, in dem Frauengeschichte betrieben wird – also ob an der Universität oder in freien Projekten mit frauenpolitischem Interessen – in der Frage der Parteilichkeit der Frauengeschichte eine Rolle spielt. Zum anderen wurde festgehalten, daß die Forderung und alleinige Berechtigung einer feministischen Frauengeschichte so nicht mehr vertreten würde. Die unterschiedlichen Positionen bewegten sich aufeinander zu und lösten sich auf, da auch Frauen an der Universität verstärkt frauenpolitisches Bewußtsein etwa durch Netzwerksgründungen entwickelten und umgekehrt Frauen in den Frauenprojekten mit ihrer fortschreitenden historischen Arbeit stark ins Differenzieren gekommen seien und mittlerweile beispielsweise Fragen nach Frauen als Täterinnen eine größere Rolle spielten als die Suche nach weiblichen Opfern und Unterdrückung.

Im zweiten Teil ihres Vortrags untersuchte Sylvia Schraut, wie Frauen und Macht als historisches Thema bisher bearbeitet wurde. Explizit sei weibliche Macht bisher relativ selten ins Blickfeld der Frauengeschichtsforschung geraten. Den Grund vermutete sie darin, daß Macht begrifflich häufig allzu eng auf politische Macht und Staatsmacht beschränkt wurde, daß Frauen als politisch Agierende lange Zeit Einzelerscheinungen waren und daß bisher die machtvolle Teilnahme der Frauen an den patriarchalen gesellschaftlichen Strukturen zu wenig Beachtung gefunden hätte. Auch sei es notwendig, eine historische Differenzierung zwischen Frauen vorzunehmen, die keineswegs eine einheitliche Gruppe seien, wenn es um Macht ginge. Denn nicht nur Geschlecht, sondern auch Rasse, Klasse, Religion sowie eine Vielzahl anderer Faktoren bestimme die Verfügungsgewalt von Frauen über Macht.

In einem dritten Teil versuchte die Referentin an einem konkreten historischen Beispiel, nämlich dem Adelsverband der Schönborns im 17. Jahrhundert, das Zusammenwirken von Macht und Geschlecht zu veranschaulichen. Die 1680 geborene Eleonore von Hatzfeld-Gleichen konnte sich, nach einer einträglichen Heirat jung verwitwet, in ihrer zweiten Ehe durch ihre Herkunft aus dem einflußreichen Adelsgeschlecht der Schönborns und ihr Vermögen die Verfügungsgewalt über ihre mitgebrachten Güter sichern und durchsetzen, daß die zinsliche Nutznießung ihres Besitzes im Erbfall den zukünftigen Töchtern zu gute kommen sollte. Weibliche Macht nahm mit dem Einfluß der Herkunftsfamilie, der Verfügungsgewalt der Frau über ökonomische Ressourcen und Territorialbesitz zu und konnte sogar die patrilinear definierten Familienmuster und die männliche Nachfolger bevorzugenden Vererbungsregeln aufweichen. Dieses Beispiel muß in seiner Zeitgebundenheit interpretiert werden, denn »in anderen Situationen und Klassenlagen mögen veränderte Konstellationen zu neuen Ergebnissen führen«. Nur wenn viele solcher Beispiele zusammengetragen werden, könne ein Einblick in übergeordnete Zusammenhänge des Verhältnisses von Frauen und Macht gewonnen werden.

In der Diskussion dieses historischen Beispiels wurde von den Rednerinnen festgehalten, wie wichtig das Verständnis historischer Zusammenhänge – etwa bezüglich der ökonomischen Situation von Frauen – sei, um heutige Verhältnisse zu begreifen und um zu verstehen, wo Veränderungen anzusetzen haben. Auch die Erkenntnis, daß weibliche Macht nicht nur indirekte, sondern wie am Beispiel der Eleonore gezeigt, auch direkte Formen annehmen konnte, sei erhellend. Die Antwort auf die Frage, wie Eleonore auf die Idee kam, ihre Töchter abzusichern, da es schwer vorstellbar sei, daß allein ökonomische Argumente den Ausschlag für ihr Handeln gaben, verdeutlicht, wie stark in der frühen Neuzeit die ständischen Lebensbedingungen als Adelige für Aktionsradius und Bewußtseinsbildung entscheidend waren: Eleonore hatte eine ausgezeichnete Ausbildung bei den Ursulinen genossen, in der, ähnlich wie die Jesuiten auf männlicher Seite, soziale und politische Kompetenzen vermittelt worden waren. Die Reichsritterschaft hatte ihre Töchter deshalb so gut ausbilden lassen, weil sie eine wichtige Funktion in den Familienverbänden, die das zentrale politische Machtmittel waren, ausübten. So mußten sie als zukünftige Ehefrauen beispielsweise vermitteln können zwischen den Interessen und den Machtansprüchen der Herkunftsfamilie und der Familie, in die sie einheirateten.

In einen ganz anders gearteten Zusammenhang führte der Vortrag von Urte Bejik ein. »Zwischen Liebe und Vernunft. Weibliche und männliche Macht bei Hildegard von Bingen und Christine de Pizan« - unter diesem Titel beschäftigte sich Urte Bejik mit der Frage nach dem Verhältnis von Geschlecht und Macht in der ›fremden‹ Welt des Mittelalters. Beide Frauen, die Äbtissin Hildegard von Bingen und die »Berufsschriftstellerin« Christine de Pizan übten auf spezifische Art und Weise Macht aus und zwar über ihr Wort, das heißt über ihre Schriften. Urte Bejik untersuchte nicht den »realen« Einfluß dieser Frauen, sondern den Einluß ihrer Werke. Sie ging der Frage nach, welche Selbstlegitimation diese beiden Frauen für ihr schriftliches Einflußnehmen anführen und wie sie in ihren Werken weibliche und männliche Macht darstellen.

Hildegard von Bingen (1098–1179), Tochter einer Adelsfamilie, Benediktinerin und Äbtissin bezog aus ihren Visionen, die von männlichen Autoritäten wie Bernhard von Clairvaux und schließlich auch vom Papst, bestätigt wurden, den Grund zum Schreiben und ihren Mut zum Widerstand gegen politische Autoritäten. Die sie zum Reden treibende und legitimierende Macht war »keine abglöste höhere Qualität, sondern die in der ganzen Schöpfung erfahrbare Lebenskraft, die zur Erhaltung des Geschaffenen treibt.« Hildegard von Bingen sah Gott als die Quelle der Macht, wobei sie diese nicht als Autorität oder Gewalt, sondern als lebensspendende und erhaltende Energie deutete, die Mann und Frau zu eigen sei. Die Frau wurde als schwächer geschildert, doch ohne negative oder hierarchische Konnotation. Mann und Frau seien komplementär aufeinander verwiesen, der Mann fungiere dabei als Hinweis auf die Gottheit, die Frau als Hinweis auf Jesus, auf den Gottessohn, der durch Demut die Erlösung bringt. Mit dem Sündenfall wandele sich die Liebe von Mann und Frau zum Herrschaftsverhältnis. Erlösung bringe Jesus, der in vollendeter Weise von den Ehelosen nachgeahmt werde, »was für den Mann Selbstbeherrschung und Verzicht, für die Frau aber Unversehrtheit des Körpers und Freiheit vom Joch des Mannes bedeutet. Die unabhängige Jungfrau kann so zum Vorbild der im Menschen verwirklichten göttlichen Macht und Potenz werden.«

Christine de Pizan (1365–1430), am Hof aufgewachsene und mit einem königlichen Sekretär in glücklicher Ehe verheiratet, war nach dem Tod ihres Ehemannes und ihres Vaters gezwungen, durch ihre Schriftstellerei – sie kann als eine der ersten Berufsschriftstellerinnen bezeichnet werden – ihre Kinder und weitere Familienangehörige zu versorgen. Das zur Analyse herangezogenen Buch Christine de Pizans, »Stadt der Frauen«, war eine Kampfschrift gegen den populären Rosenroman, ein zeitgenössisches frauenfeindliches Werk. Mit Elementen der religiösen Mystik und der von ihr aus der Schöpfungsgeschichte abgeleiteten Gleichheit von Mann und Frau widerlegte Christine de Pizan unter Verweis auf Vernunft, Rechtschaffenheit und Gerechtigkeit, die sie als Frauen symbolisiert, frauenfeindliche Positionen. Auch bei Christine de Pizan begegnet uns ein Differenzdenken und der Vorzug weiblicher Werte wie Tugend, Moral, prophetische Begabung, Treue, Verschwiegenheit, Keuschheit, Großzügigkeit, Demut, Leidensfähigkeit. Die weibliche

Stärke wird in der Beziehungsfähigkeit der Frauen und ihrer Sorge für Angehörige und Nächste gesehen. Christine de Pizan stand der Ehe sehr kritisch gegenüber, denn Männer schilderte sie in ihrer überwiegenden Mehrzahl als herrschsüchtige Grobiane, die in der Ehe nur dominieren wollten. Auch sie sah, ähnlich wie Hildegard von Bingen gut zweihundert Jahre zuvor, die freie, die nicht verheiratete Frau als vorbildliche und tugendhafte Gestalt, die in vorderster Reihe die künftige ideale Stadt der Frauen hervorbringen könnte.

Was kennzeichnete nun das Denken Hildegard von Bingens und Christine de Pizans im Hinblick auf das Verhältnis von Frauen und Macht? In der Diskussion wurde festgehalten, daß beiden Frauen gemeinsam sei, daß sie die Lebensform der alleinstehenden Frau – als Ledige oder Verwitwete – favorisierten, da nur so die Frau die Macht habe, ein selbstbestimmtes Leben frei von Unterordnung zu führen. Gemeinsam sei beiden auch, daß sie auf die spirituelle Form von Macht, die Bedeutung der Religion und die moralische Höherwertigkeit der Frau, verwiesen. Urte Bejik ergänzte hierzu, daß spirituelle Macht für die Bevölkerungsgruppe, die keine große politische Macht hatte, wichtig war. Der Hinweis auf eine höhere geistliche Macht und auf die Überlegenheit weiblicher Moralität wird der dominanten Macht der Männer entgegengehalten. Gleichzeitig beschrieb Christine de Pizan die prokreative Macht der Frauen und die Macht der Frauen über die Männer, da sie durch ihre Versorgung die »lebensuntüchtigen« Männer am Leben erhielten. Die Ambivalenz weiblicher indirekter Macht – in Form von Spiritualität, höherer Moralität sowie Reproduktionstätigkeiten –, die zwar Einfluß und Selbstbestimmung gewährte, letztlich aber bestimmt war durch die Grenzen, die männliche Macht setzte, wurde deutlich. Auch die ambivalente Funktion der christlichen Religion – Legitimationsbasis für egalitäre Vorstellungen und weibliche Selbstbestimmung ebenso wie für die Abwertung und Minderwertigkeit der Frau – sowie die widersprüchliche Rolle der Kirche – Freiraum und Männerbastion – waren in der Diskussion präsent.

Das komplizierte Geflecht und die verschlungenen Wirkungsmechanismen von weiblicher indirekter und direkter Macht beleuchtete der Beitrag von Franziska Roller. Am Beispiel der Diakonissen in einem Lepra-Asyl der deutschen Herrenhuter Mission in Surinam ging Franziska Roller dem Macht- und Beziehungsgeflecht in einer christlichen Pflegeanstalt im Zeitraum von 1900 bis 1930 nach. Im Asyl herrschte eine klare geschlechtsspezifische Arbeitsteilung, vom bürgerlichen wie vom christlichen Frauenbild untermauert. Die Diakonissen hatten die Hilfsdienste, den schwierigeren und unangenehmeren Teil der körperlichen Krankenpflege zu übernehmen und trugen mit ihrer Betreuung möglicherweise mehr zur Bekehrung von Missionierten bei als die geistliche Seelsorge. Waren die Diakonissen für den Körper zuständig und zeigte sich hier die im bürgerlichen wie religiösen Kontext gängige Konnotation von Weiblichkeit und Körper, so waren Seelsorge und Gottesdienst männliche Arbeitsbereiche, oblagen dem Missionar und galten als eigentliche Missionsarbeit.

Die Diakonissen waren der Autorität des Missionars unterstellt, doch erschienen sie gegenüber den Insassen des Asyls als Übergeordnete, als Vertreterinnen der europäischen Kultur und des christlichen Glaubens, hinter denen »alles andere unsichtbar« wurde und »Alter, Klasse, Geschlecht und Bildung« in ihrer Bedeutung zurücktraten. Mit ihrem dienenden Leben – gegenüber dem Missionar, gegenüber den Kranken – wurden sie der Herrenhutischen Vorstellung von gottgefälliger Lebensführung gerecht: die Selbsterniedrigung trug zur Erhöhung der Dienenden vor Gott bei. Das hieß, daß die Diakonissen an der Macht, der sie sich unterwarfen, auch teilhatten, denn über Kranke und Missionierte übten sie Macht aus. Die eigene Unterordung wie die Hierarchie in der Anstalt wurde von den Diakonnissen jedoch nicht hinterfragt. Viele opferten der körperlich harten und gesundheitsgefährdenden Arbeit ihr Leben.

Nur ganz wenigen gelang ein Aufstieg, indem sie einen europäischen Kaufmann in der Kolonie heirateten, sich von der Diakonisse zur Krankenschwester ausbilden ließen und Anstaltsleiterin wurden oder indem sie durch langjährige Tätigkeit ihren Kompetenzbereich informell ausweiteten. Franziska Rolle kam zu dem Schluß, daß die Lebenssituation der Diakonissen bestimmt war durch »ein kompliziertes System von sich gegenseitig verstärkenden, aber auch widersprechenden Hierarchien und Machtbeziehungen, die allesamt im Kontext der europäischen Dominanzkultur zu sehen sind«. Sie sah die Unterdrückung von Frauen verankert in den gesellschaftlichen Werten und Vorstellungen, die von

Männern und Frauen gemeinsam getragen werden und demnach auch nicht durch ein einseitiges Hierarchiemodell erklärt werden können, denn eine Vielzahl von Faktoren – Klasse, Geschlecht, Ethnie, Religion, regionale Herkunft – spielen eine wichtige Rolle. Nur so ist erklärbar, »warum die Diakonissen durch ihre Arbeit gleichzeitig aufgewertet und ausgebeutet werden, sowohl in Hierarchien eingebunden sind als auch Macht ausüben, und wieso sie ihre Arbeit als erstrebenswerte Aufgabe auffassen, aber dennoch versuchen, innerhalb des gesetzten Rahmens ihre Einschränkungen und Zurücksetzungen zu unterlaufen.«

Die Diskussion zu Franziska Rollers Beitrag kreiste bald um die Frage, wie die Machtteilhabe von Frauen durch Dienen und Sicheinrichten im Patriarchat zu beurteilen sei, denn, so eine These, Frauen übten durch Dienen und die Vorstellung ihrer moralischen Höherwertigkeit zwar Macht aus, hielten durch diese aber auch die patriarchale Gesellschaft aufrecht. Es wurde auf die Gefahr hingewiesen, diese indirekten Formen weiblicher Macht, wie zum Beispiel die Vorstellung moralischer Höherwertigkeit, positiv zu werten, da sich dieses Verhalten unter Bedingungen der nichtfreien Wahl entwickelt habe. Die gesellschaftliche Situation habe den Frauen wenig andere Möglichkeiten gelassen und sie quasi dazu gezwungen, dieses Fürsorgeverhalten auszuprägen. Diese Form der weiblichen Macht sei zwar unbedingt als Leistung anzuerkennen, doch angesichts der zerstörerischen Seiten sei eine positive Bewertung nicht angebracht.

Franziska Roller wies ergänzend darauf hin, daß die Machtteilhabe der Frauen und die Chancen zum sozialen Aufstieg über den Diakonissendienst in der Fremde auch einen entscheidenden sozialen Hintergrund hatten. Häufig stammten die Diakonissen aus bäuerlichen und kleinbürgerlichen Verhältnissen, waren Waisen oder hatten zuvor kranke Eltern versorgt. Ohne Ausbildung standen sie vor der Wahl, Dienst in der Familie oder Dienst in der Diakonie zu tun. Die Missionsarbeit gewährte ihnen im Gegensatz zur Familienarbeit immerhin die Lebens- und Alterssicherung. Anfangs wurden sie auch noch gut bezahlt und sie hatten mehr Freiräume als in einer Diakonissenanstalt. Es waren die aktiveren und veränderungswilligeren Frauen, die im Diakonissendienst in der Fremde eine Chance erblickten und die wenig andere und somit auch keine freie Wahlmöglichkeit hatten.

Formen der direkten Machtausübung von Frauen kamen mit dem Beitrag von Barbara Guttmann »Zur politischen Partizipation von Frauen auf kommunaler Ebene nach 1945 – Das Beispiel Karlsruhe« in den Blick. Sie fragte nach dem Verhältnis von Geschlecht und Macht in einem explizit politischen Bereich. Der Kommunalpolitik als dem Politikfeld, das Frauen am frühesten zugänglich war und auf dem sie die längste historische Erfahrung besitzen, kam dabei eine besondere Bedeutung zu. Bereits die Frauenbewegung des Kaiserreichs, besonders auf regionaler Ebene, sah die konkrete Arbeit in der Gemeinde als ideale Form weiblicher politischer Betätigung, verstand sie doch die sozialpflegerischen Aktivitäten der Frauen als eine Ausweitung der häuslichen und familiären Tätigkeit in die öffentliche Sphäre. Trotz Ablehnung explizit emanzipatorischer Forderungen wie etwa des allgemeinen Wahlrechts verschafften sich die kommunalpolitisch aktiven Frauen »Zugang zu politisch-gesellschaftlichen Entscheidungsstrukturen«. Diese kommunalpolitische Praxis der Alten Frauenbewegung wurde durch den Nationalsozialismus unterbrochen.

Weibliches politisches Handeln in der Nachkriegszeit ist erst unzureichend erforscht und muß vor allem auf der regionalen Ebene aufgearbeitet werden, um zu differenzierten Erkenntnissen zu gelangen. Am Beispiel Karlsruhes ließ sich zeigen, daß der Grad der Politisierung der Frauen nach 1945 auch eine Generationsfrage war. Denn bis in die sechziger Jahre hinein waren es vornehmlich die zwischen 1900 und 1920 geborenen Frauen, in ihrer Sozialisation noch durch die Alte Frauenbewegung und die Weimarer Republik geprägt, die in der Kommunalpolitik aktiv waren. »Größte Enthaltsamkeit« übte die Generation der jüngeren, um 1920 und später geborenen Frauen, die ihre Sozialisation im Nationalsozialismus erfahren hatten.

Barbara Guttmann ging der Frage nach, welchen Anspruch auf aktive Mitgestaltung diese Politikerinnen am Wiederaufbau verfolgten und fragte, ob die Frauen ihren innerfamilialen Machtzuwachs infolge des Krieges positiv bewerteten. Sie kam zu der Vermutung, daß der »reale gesellschaftliche Machtzuwachs« kompensiert wurde »durch Bescheidenheit, um die Männer nicht gänzlich zu dekonstruieren«. Ein weiterer Grund dafür, daß Frauen bei Kriegsende, trotz ihrer sichtbaren gesellschaftlichen Bedeutung keine Chance hatten, traditionell männlich geprägte Öffentlichkeit zu beeinflussen, könnte darin liegen, »daß in dem Maße, wie nach 1945 die Parteizugehörigkeit wieder zum entscheidenden politischen Kriterium wurde, Versuche, Frauen an der politischen Machtausübung zu beteiligen, in den Hintergrund gerieten. In den Vordergrund treten die Kämpfe der Parteien um Macht.« War bis 1910 und abgeschwächt auch noch bis 1933 beispielsweise die Teilnahme von Frauen mit Sitz und Stimme in den städtischen Sozialkommissionen in Baden verbindlich festgelegt, so war nach 1945 die Mitarbeit in beschließenden Gremien der städtischen Sozialfürsorge an ein Gemeinderatsmandat gebunden, das in der Regel nur über die Parteizugehörigkeit und die Parteikarriere errungen wurde. Dies kam einer »strukturellen Zugangsbeschränkung für Frauen« gleich.

Barbara Guttmann kam zu dem Fazit, daß die »Frauen der ersten Stunde« sich in »machtpolitischer Bescheidenheit« übten, in der Tradition der Alten Frauenbewegung die Stärke der Frau in der Fürsorge für die »Ohn-mächtigen« erblickten. Erst in den achziger Jahren des 20. Jahrhunderts fand, ausgelöst durch die Neue Frauenbewegung und neue soziale Bewegungen ein qualitativer und quantitativer Umschlag hinsichtlich der politischen Partizipation von Frauen statt. Doch: »Macht auszuüben heißt für Frauen bis heute, Risiken auf sich zu nehmen, Kritik oder Ablehnung auf sich zu lenken, nicht mehr geliebt zu werden, zu scheitern. Es bedeutet auch, Abschied zu nehmen von traditionellen weiblichen Sozialisationsmustern.«

In der Diskussion wurde deutlich, daß viele Aspekte erst ganz ungenügend erforscht sind: so das Wahlverhalten von Frauen und die Frage, ob Frauen vor allem Frauen von den Wahllisten gestrichen haben; warum Frauen nicht an der Durchführung der Entnazifizierungsverfahren beteiligt waren, obwohl von einem weiblichen antifaschistischen Aufbruch nach 1945 die Rede ist; ob die Politikabstinenz, durch den Nationalsozialismus hervorgerufen, Männer wie Frauen gleichsam traf oder ob hier geschlechtsspezifisch signifikante Unterschiede festgestellt werden können; schließlich die Frage, wie sich die Mutter-Tochter-Beziehung in den verschiedenen Generationen auf das politische Verhalten auswirkte.

Auf großes Interesse stieß auch das von Barbara Guttmann beschriebene Verhalten von Frauen in der Nachkriegszeit, dem Machtschwund der Männer vorzubeugen. Auch daß deutsche Männer die Beziehungen zwischen deutschen Frauen und den Besatzungsmächten, die sie nach dem verlorenen Krieg wohl als eine weitere Niederlage wahrnahmen, möglichst zu verhindern oder zu ächten suchten, war Thema in der Diskussion.

Der Beitrag von Barbara Guttmann zeigte, wie schierig und bedrohlich es für Frauen bis heute zu sein scheint, direkte Macht auszuüben. Auch im kleinen Rahmen der Tagung, die zudem ja überwiegend von Frauen besucht war, die ihre Rolle und Situation in der Gesellschaft kritisch reflektieren, wurde dies deutlich. So beschäftigte sich eine der im Anschluß an die Vorträge gebildeten Arbeitsgruppen mit der Frage, was aus den historischen Beispielen als Anregung genommen werden kann für den heutigen Umgang mit Macht.[3] Die gesammelten Assoziationen, in die Themenfelder »Welche Eigenschaften verhelfen zur Macht« und »Instrumente der Machte« gruppiert, zeugten von der negativen Beurteilung von Macht und verwiesen in auffällig hohem Maße auf »traditionell« weibliche indirekte Machtmittel.[4] Positiv besetzte Charakteristika, wie etwa Persönlichkeitsstärke, Kooperationsbereitschaft, Selbstbewußtsein, Idealismus, Sendungsbewußtsein, die durchaus auch als Eigenschaften, die zu Macht verhelfen, angeführt werden könnten, tauchten kaum auf. Die genannten Machtinstrumente waren ganz aus dem Reservoir weiblicher indirekter Macht gewählt, wogegen Machtmittel wie öffentliche Diskussion, Wissen, soziale und fachliche Kompetenz oder Überzeugungskraft – den anwesenden Frauen durchaus verfügbar – bei der aktuellen Nachfrage nicht erwähnt wurden. Auch in der Diskussions- und Vorstellungsrunde zu Beginn der Tagung wurden vornehmlich die Probleme, das Negative und das Unbehaben im Umgang mit Macht angeführt. Die positive Seite von Macht und Einflußhaben wurde selten als Chance angesprochen.

Und nun ein Fazit? Deutlich machten die Beiträge und Diskussionen zum einen, daß das Verhältnis von Frauen und Macht nur in einem vielfältigen Kategoriensystem zu begreifen ist: Stand oder Klasse der Frau, Familienstand, Alter, ethnische Herkunft, Religion, Bildung, ökonomische Ressourcen, das jeweilige Rechtssystem, die in einer Gesellschaft bestehenden Geschlechterrollen und -bilder sowie die Beziehungen zu Frauen, Männern und Kindern, über die eine Frau verfügt, sind

Variablen, die den Zugang zu Macht bestimmen. Frauen hatten und haben also äußerst verschiedene Formen von und Verfügungsmöglichkeiten über Macht. Gab und gibt es nun trotz dieser Unterschiedlichkeiten innerhalb der großen und heterogenen Gruppe der Frauen Gemeinsamkeiten in ihrem Verhältnis zu Macht?

Um diese Frage zu beantworten sei nochmals ein kurzer Blick auf die Definition des Begriffs Macht und die damit einhergehenden Probleme geworfen. Die Definitionen von Macht sind vielfältig und nicht einheitlich. Macht als die Chance, innerhalb einer sozialen Beziehung den eigenen Willen auch gegen Widerstand durchzusetzen, diese Max Webersche Definition von Macht ist trotz vieler späterer Erweiterungen und methodisch-empirischer Reflexionen grundlegend geblieben. Doch nicht nur der Versuch, das Phänomen Macht auf einen theoretisch und empirisch erfolgreichen Begriff zu bringen, ist problematisch. Schwierigkeiten bereitet weiter auch, »daß diese unterschiedlichen Definitionen von Macht und vor allen Dingen von Herrschaft einer männlichen Logik folgen«, da Frauen von der Ausbildung und Ausdifferenzierung politischer Macht im Übergang von archaischen Gesellschaften zu Hochkulturen durch ihre untergeordnete Stellung weitgehend ausgeschlossen waren.[5]

Macht steht in der Theoriebildung daher im Zusammenhang mit männlichen Lebenswelten, wobei dieses männliche Paradigma aber häufig nicht reflektiert wird. Feministische Forscherinnen kritisierten denn auch, daß die Begriffe von Macht nur vom männlichen Subjekt aus gedacht würden und die Bedeutung weiblicher reproduktiver Tätigkeiten nicht berücksichtigt würde.

Obwohl ein grundlegender Paradigmenwechsel und ein neuer Begriff gefordert wird, da die exisierenden Modelle von Macht nicht auf die Macht, die Frauen haben, anwendbar seien, wird doch meist – allerdings in Abwandlung und unter Berücksichtigung der geschlechtsspezifischen Komponente – auf die Max Webersche Definition zurückgegriffen.

So wird Macht dann beispielsweise als die Kapazität der Durchsetzung definiert, wobei Frauen besonders Macht aus der Fähigkeiten ziehen würden, Personen und Dinge in ihrem Sinne zu manipulieren.[6] Diese Definition verweist vornehmlich auf einen Unterschied in den

Machtformen von Mann und Frau. Männliche Macht wird mit Formen direkter Machtausübung, weibliche Macht mit der Form indirekter Machtausübung konnotiert. Einflußnahme über Intrigen, moralischen Druck und männliche Familienangehörige, soziale Kontrolle durch Klatsch und persönliche Beziehungen, aber auch weibliche Gemeinschaften und Verfügung über Expertinnenwissen gelten als weibliche Formen der Machtausübung in patriarchalen Gesellschaften.

Blicken wir vor diesem Hintergrund auf die in den Tagungsbeiträgen angeführten Beispiele, so zeigen sich dort zwar überwiegend indirekte Formen weiblicher Macht – beispielsweise in der spirituellen Macht Hildegard von Bingens, in der postulierten moralischen Höherwertigkeit der Frauen bei Christine de Pizan, in der dienenden Opferhaltung der Diakonissen oder in dem Bemühen der Nachkriegspolitikerinnen, die durch den Zusammenbruch verunsicherten Männer nicht zu dekonstruieren.

Gleichzeitig finden sich ebenso Formen direkter Machtausübung von Frauen in diesen Beispielen – so das Publizieren und Öffentlichmachen ihrer Gedanken bei Hildegard von Bingen und Christine de Pizan, die Verfügung über ökonomische Ressourcen und die Begünstigung weiblicher Nachkommen im Falle der Eleonore von Schönborn, die reale Herrschaft über die Kolonisierten im Falle der Diakonissen oder die direkte Einflußnahme gewählter Politikerinnen in der Nachkriegszeit etwa in kommunalen Parlamenten. Nach diesen Beispielen kann festgehalten werden, daß beide Formen der Machtausübung, wenn auch mit einem Übergewicht indirekter Machtformen, Frauen zur Verfügung standen.

Soweit wir, geprägt und eingeschränkt durch die bisherigen Begriffe, historische Realität wahrnehmen können, zeigt sich, daß Frauen auch »männliche« direkte Macht ausgeübt haben und daß ebenso Männer »weibliche« indirekte Machtformen, wie etwa Intrige oder Manipulation, für sich nutzten.

Eine bloße Berücksichtigung der sogenannten weiblichen indirekten Macht, diesen aus der Situation der Unterordnung heraus von Frauen entwickelten Einflußmöglichkeiten, läuft Gefahr, den Status quo patriarchaler Gesellschaften fortzuschreiben. Eine einseitige Konzentration auf die direkten Formen weiblicher Macht birgt die Gefahr, das männliche Paradigma der Macht fortzuschreiben und die »anderen« weiblichen Machtformen auszugrenzen und unsichtbar zu machen.

Dieses Dilemma taucht auch auf, wenn es um die verschiedenen Auffassungen unter Frauen und wie unter Feministinnen darüber geht, wie Frauen Macht ausüben sollten. Hierzu zum Abschluß nochmal ein historisches Beispiel: Ende des 18. Jahrhunderts trat die Engländerin Mary Wollstonecraft, die als eine Vorreiterin der Frauenemanzipation gilt, mit der Forderung nach Bürgerrechten und verbesserter Bildung für Frauen hervor. Sie verlangte politische Teilhabe von Frauen an der Öffentlichkeit, grenzte sich aber gleichzeitg von bestimmten Formen der Machtausübung von Frauen ab.

Für Mary Wollstonecraft war, wie Natalie Zemon Davis schrieb, »das Beispiel von Königinnen, Kurtisanen, der Einfluß von Höflingen und Adligen gänzlich negativ – überhaupt alles, was Sexualität, Frivolität oder Fleischesschwäche in die Politik einbringen konnte. Ein ungeordneter Auflauf von Frauen auf der Straße war nach ihren rationalen Maßstäben auch nicht viel besser ...«[7]

Das heißt, daß Mary Wollstonecraft die in der frühen Neuzeit vorherrschenden Einflußmöglichkeiten von Frauen ablehnte – so etwa den Regierungsstil der Königinnen, die adeligen Frauen am Hof, die mit »Sklavenlist« Macht errangen, die Bürgerinnen, die indirekt über den Ehemann Versammlungen beeinflußten oder die Frauen der unteren sozialen Schichten, die sich an Krawallen und Aufläufen beteiligten oder diese soger initiierten.

Für Mary Wollstonecraft sollten Frauen zu »männlichen Tugenden« erzogen werden und Männer dazu, friedlich Verantwortung zu übernehmen, damit beide Geschlechter als vollgültige Bürger an der Regierung teilhaben könnten. Gelten ließ Wollstonecraft sicher die Frauen, die Pamphlete oder Petitionen verfaßten. Sie hätte sie, so Natalie Zemon Davis abschließend, »gewiß gern als Wegbereiterinnen anerkannt. Doch die anderen Formen politischer Aktivität von Frauen haben sicherlich mehr, als Mary Wollstonecraft dachte, dazu beigetragen, Frauen die Natur der Macht verstehen zu lassen.«[8]

Das Beispiel zeigt die Konflikte und unterschiedlichen Meinungen von Frauen in der Frage, welche Macht sie mit welchen Mitteln wollen. Traditionelle indirekte Formen weiblicher Macht wurden kritisiert von

Frauen, die direkte, an männlichen Partizipationsformen orientierte und in patriachalen Gesellschaften durchsetzungsfähigere Machtformen favorisierten. Doch ist das Gegeneinanderausspielen verschiedener Verfügungsformen über Macht vielleicht keine Lösung.

Sowohl Mittel indirekter wie direkter Machtausübung zur Verfügung zu haben, frei wählen zu können und die Ausübung von Macht, die Durchsetzung eigener Vorstellungen nicht als Bedrohung und als Verlust der Weiblichkeit wahrzunehmen beziehungsweise als mächtige Frau von der Gesellschaft die Weiblichkeit nicht abgeprochen zu bekommen, ist nach wie vor ein weitgehend uneingelöstes Desiderat für Frauen – im Denken wie im Handeln.

Literatur

Davis, Natalie Zemon: Frauen, Politik und Macht. In: Farge, Arlette / Davis, Natalie Zemon (Hrsg.): Geschichte der Frauen, Bd.3: Frühe Neuzeit. Frankfurt 1994, S. 189-206.

Dumont du Voitel, Waltraud: Macht und Entmachtung der Frau. Eine ethnologisch-historische Analyse. Frankfurt 1994.

Jenisch, Susanne (Hrsg.), Standpunkte. Ergebnisse und Perspektiven der Frauengeschichtsforschung in Baden-Württemberg (Reihe Frauenstudien Baden-Württemberg, hrsg. von Christel Köhle-Hezinger, Bd. 1), Tübingen 1993.

Jenisch, Susanne / Kaschuba, Gerrit / Maurer, Susanne: Einleitung. In: Jenisch, Susanne (Hrsg.): Standpunkte. Ergebnisse und Perspektiven der Frauengeschichtsforschung in Baden-Württemberg (Reihe Frauenstudien Baden-Württemberg, hrsg. von Christel Köhle-Hezinger, Bd. 1), Tübingen 1993, Seite 9–12.

Sylvia Schraut

Frauen und Macht

Auf der Suche nach dem Verhältnis des »schwachen Geschlechts« zum Bewegungsfaktor »Macht« in Geschichte und Gegenwart

Die »Machtfrage« lag bereits in der Wiege der Frauengeschichtsforschung. In Deutschland »verspätet« in den siebziger Jahren aus der Suche frauenbewegter Historikerinnen nach den geschichtlichen Wurzeln der eigenen Identität entsprungen, stand sie schnell vor der Notwendigkeit, sich *zwischen* gerade etablierender, bereits im Abwehrkampf befangener Sozialgeschichte und politischer Frauenbewegung behaupten zu müssen. In Abgrenzung von der Geschichte aus männlicher oder scheinbar geschlechtsneutraler Perspektive *über* die Frauen, die ja bekanntermaßen durchaus seit langem geschrieben wird,[1] verband die neue Frauengeschichte Erkenntnisinteresse und Themenauswahl eng mit der Forderung nach einer feministischen gesellschaftspolitischen Haltung. Frauengeschichte, so beispielsweise Anette Kuhn 1983, »ist von einem feministischen Erkenntnisinteresse bestimmt. Feministisch heißt hier, aus einem parteilichen Erkenntnisinteresse für die Frauen, ihre Geschichte und historische Zukunft heraus unterdrückte, humane, für unsere Gesellschaft unverzichtbare Momente der Frauengeschichte nachzuspüren.«[2] Und als Anspruch an eine Frauengeschichte, die diesen Namen auch verdiene, formulierte Evans 1985 folgende Bedingungen:

»(1) die Überzeugung, daß Frauen wegen ihres Geschlechts von gezielter gesellschaftlicher und politischer Diskriminierung betroffen sind;

(2) die Vorstellung, daß dieser Form der Diskriminierung größere Bedeutung als anderen zukommt, denen Frauen wegen ihrer Zugehörigkeit zu anderen Gruppierungen unterliegen (zum Beispiel einer religiösen Minderheit, einer unterdrückten Volksgruppe oder einer ausgebeuteten Klasse);

(3) die Schlußfolgerung, daß deshalb alle Frauen ihr gemeinsames Interesse an der Beseitigung der in ihrem Geschlecht wurzelnden Diskriminierung gesellschaftlicher, wirtschaftlicher und politischer Art anmelden sollten.«[3]

Zwar ist es im Zuge der abnehmenden Frauenbewegung wie der sich wenigstens in den Randbereichen institutionell etablierenden Frauengeschichte ruhiger um die postulierte Notwendigkeit eines feministischen politischen Glaubensbekenntnisses als Eintrittskarte zur Frauengeschichte geworden, doch auch in neuen Veröffentlichungen läßt sich die Verquickung von Parteilichkeit, hieraus resultierendem Erkenntnisinteresse und Forschungsgegenstand zur wissenschaftlichen Methodik durchaus noch finden. »Um dem Anspruch einer historischen Kategorie zu genügen,« müsse die historische Kategorie Geschlecht, so Uta Schmidt 1994, »auch als Orientierungsproblem der forschenden Individuen anerkannt, für die Vermittlung von Subjekt– und Objektebene gefaßt und als Handlungsorientierung von Individuen und Kollektiven formuliert werden.«[4] Mir drängt sich da schnell die Frage auf, ob mein Recht, beispielsweise über die Sklaverei in Rom zu forschen von meiner Zugehörigkeit zur gesellschaftlichen Gruppe der Sklaven abhängig gemacht werden muß, ob ich nur dann, wenn ich für die Befreiung der Sklaven eintrete, berechtigt bin, mich diesem Forschungsgegenstand zu nähern? Hört am Ende gar die Frauengeschichtsschreibung und die Wirksamkeit der Kategorie Geschlecht auf, wenn dereinst die Gleichstellung der Geschlechter erreicht ist?

Ich fühle mich an die Diskussionen der siebziger Jahre des marxschen Ideologiebegriffs erinnert, der der Arbeiterklasse Ideologiefreiheit bescheinigte, weil ihr politisches Interesse mit der ohnehin anstehenden wirtschaftlichen Entwicklung einherging – eine fatale Koppelung, die zu immer differenzierteren Auseinandersetzungen mit Begrifflichkeiten wie »objektiv«, »subjektiv« und »Entfremdung« führte, letztlich aber den Zugriff auf das historische Handeln der Arbeiterklasse keineswegs erleichterte. Daß Historikerinnen sich tunlichst in feministischen Organisationsformen politisch und fachlich stärken sollten, ist eine Sache; über Frauengeschichte zu forschen oder sogar so etwas »Schreckliches« zu tun, wie gemischtgeschlechtlich darüber zu diskutieren, meiner Meinung nach eine andere.

Mir scheint dieser kurze Exkurs zur noch immer auffindbaren, so typischen Vermischung von gegenwartsgeleitetem Erkenntnisinteresse und Bemühen um die Herausbildung eines wissenschaftlichen Instrumentariums zur Erforschung und Beschreibung historischer geschlechtsspezifischer Unterschiede und deren Folgen notwendig, um zu erläutern, warum das Thema »Frauen und Macht« auf der einen Seite so facettenreich, auf der anderen Seite – dies vorab – inhaltlich in der historischen Geschichtsschreibung noch immer recht wenig präsent ist.

Drei Themen also gilt es unter dem Titel »Frauen und Macht« zu behandeln: Frauen und Macht heute, Frauen und Macht in der Geschichtswissenschaft sowie Frauen und Macht als historisches Thema.

1. Frauen und Macht heute – oder die berufliche und gesellschaftliche Stellung der Historikerinnen der Gegenwart: Ein weiteres Klagelied über mangelnde soziale Absicherung, berufliche Positionierung und gesellschaftliche Präsenz der Frauen in universitären und außeruniversitäten Institutionen anzustimmen, scheint mir müßig. Das Thema ist allseits bekannt, die Klagen ebenso wie die Umdeutung von Schwäche in Stärke, die die immer noch gängigen Diskussionen um die Dichotomie von »drinnen oder draußen« begleiten.[5] Und ich möchte eigentlich nur anmerken: ohne Brot kann ich mir den Luxus überhaupt nicht leisten, über inhaltliche Unabhängigkeit in der Geschichtsforschung und -darstellung zu räsonieren, und es ist zweifellos eine Frage gesellschaftlicher Macht, ob »frau« durchsetzen kann, daß das, was sie forscht, »wert« ist, gesellschaftlich bezahlt (in Form von Lohneinkommen) zu werden.

2. Frauen und Macht in der Geschichtswissenschaft – oder die Stellung der Frauen- beziehungsweise Geschlechtergeschichte innerhalb der Geschichtswissenschaft: Die Frauengeschichte gehört zu denjenigen Teilbereichen der Sozialgeschichte, die im letzten Jahrzehnt machtvoll angewachsen sind; sie hat mittlerweile eine Menge eigenständiger Veröffentlichungen vorzuweisen und ist in zahlreichen Forschungsberichten dokumentiert,[6] nach wie vor aber werden die Ergebnisse der Frau-

engeschichtsforschung von der übrigen Sozialgeschichte meistens nur in Form von Ergänzungen zum »eigentlichen« historischen Themenkatalog wahrgenommen. Ich begreife hier die Frauengeschichte durchaus als Teil der Sozialgeschichte, definiert »als diejenige Geschichte, die darauf zielt, historische Entwicklungen nicht mehr vom Staat, sondern von der Gesellschaft her zu analysieren«[7] und empfinde Abgrenzungsdebatten als relativ müßig,[8] denn eine Frauengeschichte ohne Gesellschaftsbezug kann bestenfalls biologistisch ausfallen. Wenn man die Kategorie biologisches Geschlecht (»sex« im Gegensatz zu »gender«) als letztlich ebenfalls nicht von gesellschaftlicher Definitionsmacht freie Begrifflichkeit interpretiert, so Gisela Bock,[9] dann finde ich das »Dach der Sozialgeschichte« durchaus groß genug für die Frauen- oder Geschlechtergeschichte – was freilich nichts daran ändert, daß die Frauengeschichte innerhalb der Sozialgeschichte nur Randpositionen besetzt. Die Klagen darüber durchzogen die neue Frauengeschichte von Anfang an[10] und begleiten sie bis in die letzten Jahre.

Zwar finden sich in jüngeren Veröffentlichungen auch positivere Einschätzungen: »Heute, nach weniger als 15 Jahren des kreativen Streitens und der intensiven frauengeschichtlichen Forschung«, so Annette Kuhn 1990, »kann von der Frauengeschichte als einer akademischen Disziplin gesprochen werden, die stolze Ergebnisse aufzuweisen hat.«[11] »Angesichts der überwältigenden Erfolge einer geschlechtersensibilisierten Geschichtsforschung«, so Uta Schmidt 1994, »verstummen mehr und mehr auch jene Stimmen, die ›realitätsmächtigere Kriterien der sozialen Statuszuweisung‹ herausstellen oder das Geschlechterverhältnis ›meist weniger gewichtig als sozialökonomische, nationale oder auch konfessionale Trennungslinien‹ werten.«[12] Ob freilich »verstummen« auch bedeutet, daß die Kategorie Geschlecht in das allgemeine historische Handwerkszeug aufgenommen wird, ist eine andere Frage. Dorothee Wierling konstatierte bereits 1991 die »Krise« der Frauengeschichte.[13] Auch Ute Frevert kam vor einem Jahr anläßlich der unserem heutigen Treffen vorangegangen Tagung zu einer negativen Einschätzung. Nach wie vor, so ihr damaliges Resümee, hat die Frauengeschichte »mitnichten Eingang in das Denksystem, in die Kategorien der sogenannten Allgemeinhistoriker gefunden«.[14] »Frau« mag erwidern, daß es ja gar nicht darum gehe, Anerkennung von der männlich besetzten Historikerzunft zu erhalten. Zumindest die frühen Forscherinnen zur Frauenge-schichte nahmen diesen Standpunkt ein. Für sie war Autonomie eine unabdingbare Voraussetzung, um sich der Frauengeschichte überhaupt erst einmal zu bemächtigen. Frauengeschichte als Selbstzweck einer selbstgenügsamen Forscherinnengruppe zur Identitätsstiftung jedoch auch weiterhin zu betreiben, scheint mir eine typische Form weiblicher so gut gelernter Selbstbeschränkung. Ute Frevert forderte in ihrem Vor-trag im letzten Jahr zweierlei: Zum einen die Überprüfung der Kategorie Geschlecht auf seine historische Deutungsfähigkeit auch und gerade anhand nicht originär oder ausschließlich frauengeschichtlicher The-men. Sie forderte zweitens die »Anschlußfähigkeit« an andere Bereiche der Geschichtsforschung.[15] Beides scheint mir richtig, auch wenn es nicht unser erstes Ziel sein muß, unsere Themen und Ergebnisse anderer Forschung »interessant« zu machen.[16] Vielmehr scheint mir wichtig, die Bedeutung der Kategorie Geschlecht nicht aus den Deutungen gegen-wärtiger geschlechtsspezifischer gesellschaftlicher Verteilungskämpfe, aus Erkenntnisinteresse und Parteilichkeit, sondern aus der historischen Erklärungsmacht der Kategorie Geschlecht zu ziehen.

Welche Sachverhalte und Entwicklungen erklärt »Geschlecht«, die andere kategoriale Bezüge nicht erklären können? Die Forderung, »Ge-schlecht« zur historischen Kategorie zu erheben, durchzieht die Frauen-geschichtsforschung seit ihren Anfängen.[17] Ausgehend von der kämpfe-rischen Behauptung der ultimativen Erklärungskraft des »Geschlechts« über Abgrenzungsgerangel[18] in der Auseinandersetzung mit dem Klas-senbegriff[19] hat »Geschlecht« mittlerweile den Stellenwert zugewiesen bekommen, der ihm meiner Meinung nach zusteht, das Gewicht einer ernstzunehmenden Kategorie neben anderen wie Stand, Klasse, Rasse und sonstigen bereits gefundenen und noch zu findenden. »Geschlecht als historische Kategorie impliziert«, so Hanna Schissler in dem von ihr 1993 herausgegebenen Band »Geschlechterverhältnisse im historischen Wandel«,[20] »daß es sich bei der Geschlechtszugehörigkeit um einen pri-mären Aspekt sozialer Organisation handelt, der nicht aus anderen Be-stimmungen, wie zum Beispiel Klasse oder Rasse abgeleitet, noch diesen untergeordnet werden kann.«[21] »Wie das Verhältnis der Generationen, der Klassen und Schichten, die Produktionsweise und das Verhältnis der Menschen zur Natur gehören in jeder Gesellschaft auch die Beziehungen zwischen Männern und Frauen zum Kern des sozialen Systems, in dem über die Kohäsion und das Funktionieren, über Konflikt, Ressourcen und Potentiale in der Gesellschaft entschieden wird. [...] Geschlecht beeinflußt ebenso wie Klassenzugehörigkeit und ›Rasse‹ den Zugang zu Herrschaft und Verfügungsgewalt und entscheidet mit über die Zumessung und Qualität von Lebenschancen.«[22] Damit sind wir bei unserem nächsten Unterpunkt:

3. Frauen und Macht als historisches Thema oder was ist eigentlich Macht?

»Macht ist eine Krafft oder Vermögen, das Mögliche würklich zu machen. Oder Macht ist nichts anderes als die Möglichkeit auszurichten oder zu vollführen, was man beschlossen«, informiert das von mir befragte »Große vollständige Universallexion«,[23] herausgegeben von Zedler 1739, womit hier keinerlei Anspruch verbunden sein soll, den Machtbegriff des 18. Jahrhunderts zu verallgemeinern. Macht, die gibt es auch in der Ehe, wie Zedler weiß, »denn da es bey den meisten Eheleuten, wo nicht bey allen schwer würde auszumachen seyn, wer von ihnen die Sache am besten verstünde, und daher bey ihnen ein steter Streit und Zank darüber entstehen würde, hingegen der Mann in den meisten Fällen die Sache am besten verstehen soll; so ist es vernünftig, daß dem Manne eingeräumt werde zu sagen, was zu thun ist.«[24] Im übrigen ist die Frau mehr für die häuslichen, der Mann mehr für die außerhäuslichen Lebensbereiche zuständig, die Ehe dient der Aufzucht von Nachkommenschaft, und für die wirtschaftliche Absicherung der Nachkommenschaft und des Hauswesens ist der Mann aufgrund seiner Rolle als Vorsteher des Hauswesens in erster Instanz verantwortlich. »Eben aus dieser Betrachtung des Hauswesens und nicht aus der eigentlichen Beschaffenheit des Ehestandes flüsset, daß der Mann des Weibes Herr sey.«[25] Hier wird im 18. Jahrhundert aus der spezifischen bestehenden Organisationsform von Wirtschaft, Recht und öffentlichem Gemeinwesen die Vorherrschaft des Mannes über die Frau abgeleitet. Solche hier lediglich zur Veranschaulichung herangezogenen zeitlichen Befunde bedürfen einer epochenübergreifenden Abstraktion:

»Macht«, so Max Weber, »bedeutet jede Chance, innerhalb einer sozialen Beziehung den eigenen Willen auch gegen Widerstreben durchzusetzen, gleichviel worauf diese Chance beruht. [...] Alle denkbaren

Qualitäten eines Menschen und alle denkbaren Konstellationen können jemand in die Lage versetzen, seinen Willen in einer gegebenen Situation durchzusetzen.«[26] Und Herrschaft als konkrete Sonderform der Macht, »die Chance für einen Befehl bestimmten Inhalts bei angebbaren Personen Gehorsam zu finden«,[27] ist, so Weber weiter, »eines der wichtigsten Elemente des Gemeinschaftshandelns. [...] Ausnahmslos alle Gebiete des Gemeinschaftshandelns zeigen die tiefste Beeinflussung durch Herrschaftsgebilde. [...] Das Bestehen von ›Herrschaft‹ spielt insbesondere gerade bei den ökonomisch relevantesten sozialen Gebilden der Vergangenheit und der Gegenwart: der Grundherrschaft einerseits, dem kapitalistischen Großbetrieb andererseits, die entscheidende Rolle.«[28] Jeder Herrschaft ist das Bemühen immanent, »den Glauben an ihre ›Legitimität‹ zu erwecken und zu pflegen«,[29] und sie gründet sich meist auf das Vorhandensein irgendeines raren »gesicherten Besitzes oder auch marktgängiger Fertigkeit«, um Einflüsse auf das formal »freie« Handeln der Beherrschten geltend zu machen.[30]

Macht, so sollte man meinen, ist also auch bei der Beschäftigung mit der Kombination Frau und Macht ubiquitär. Doch als explizites Thema in der Frauengeschichtsforschung gerät weibliche Macht noch immer recht selten ins Blickfeld.[31] Am ehesten noch wird die »Machtfrage« im anthropologisch/archäologischen Umfeld gestellt, dort beispielsweise im Zusammenhang mit männlich/weiblichen Interaktionsräumen,[32] oder wenn es um die Abfolge Matriarchat/Patriarchat geht.[33] Selbst wenn man dahingestellt läßt, ob die Formen der Ungleichheit im postulierten Matriarchat für das unterlegene Geschlecht tatsächlich angenehmer zu ertragen waren, als die des Patriarchats für die Frauen, hilft die reine Feststellung des vorgeschichtlichen Ablaufs in der Geschichtswissenschaft nicht unbedingt weiter. In der Beschäftigung mit Altertum, Mittelalter und Neuzeit wird die »Machtfrage« verbunden mit dem Geschlechteraspekt direkt kaum aufgegriffen. Das mag zum einen damit zu tun haben, daß Macht begrifflich häufig allzu eng auf politische Macht und Staatsmacht beschränkt wird,[34] und bis zum 19. Jahrhundert waren Frauen als politisch Agierende im staatspolitischen Raum tatsächlich eine Randerscheinung.[35] Zum anderen mag die thematische Zurückhaltung aber auch darin begründet liegen, daß gerade die frühe Frauengeschichte, als frauenbewegte Geschichte des Kampfes um gleichberechtigte Teilhabe an den gesellschaftlichen Ressourcen, an Frauen als Opfer oder Handelnde im gesellschaftlichen Widerstand[36] weitaus mehr Interesse als an weiblichen Repräsentantinnen gesellschaftlicher Macht fand. Insbesondere in der Faschismusforschung ist hier jedoch mittlerweile eine Diskussion um weibliche Opfer- und Täterschaft entstanden.[37]

Die grundsätzliche Auseinandersetzung indes um die »machtvolle« Teilhabe der Frauen an den patriarchalen gesellschaftlichen Strukturen ist bisher noch kaum geführt worden. Statt dessen ging die anthropologisch/historische Frauengeschichtsforschung häufig auf die Suche nach spezifisch weiblichen Wirkungsräumen.[38] In der »Machtfrage« aber den gesellschaftlichen Raum der Frauen umzudeuten und der öffentlichen, institutionalisierten, politischen (männlichen) Macht die informelle oder soziale Macht der Frauen in ihrem Wirkungskreis entgegenzusetzen, führt meines Erachtens in eine Sackgasse, denn ein Großteil gesellschaftlicher Entscheidungen fiel und fällt auf der wirtschaftlichen oder politischen Ebene und wird auf der rechtlichen Ebene fixiert und tradiert.

Den Frauen verbliebene Machträume im Patriarchat unterscheiden sich, wie Waltraud Dumont du Voitel in ihrer ethnologisch-historischen Untersuchung betont, wenig von denen sozial unterprivilegierter Männer. Die Umdeutung von Widerstandsformen zu Ausdrucksweisen spezifisch weiblicher Macht, verkennt, daß informelle Macht oder »Macht im Hause [...] nie öffentliche Macht ausgleichen kann, weil die private oder häusliche Komplementarität nie mit der Kontrolle der weiteren sozio-ökonomischen Ordnung (zum Beispiel Status, Macht, Privileg) rivalisieren kann.[39]« Michelle Perrot bringt es auf den Punkt: Die Betonung der »Existenz einer ›Welt der Frauen‹, die durch ihre Geselligkeit, ihre eigentümlichen Ausdrucksformen, kurz durch ihre Kultur charakterisiert ist, [...] bestärkt die These von der ›sozialen Macht‹ der Frauen, die von denen vertreten wird, die es dabei bewenden lassen möchten. Wenn die Frauen so viel Macht und Einfluß bereits besitzen, was wollen sie dann eigentlich noch? Bei der Analyse der Macht der Frauen geht es selbst um Macht.«[40] In der Auseinandersetzung mit gesellschaftlicher Macht der Frauen sollte mithin immer auch nach weiblicher Abwesenheit oder Beteiligung an Wirtschaftslenkung, Politik und Recht, kurz nach ihrer Teilhabe an den Entscheidungen über die gesellschaftlichen Ressourcen gefragt werden. Am intensivsten scheint diesbezüglich bisher der Bereich der Politik untersucht.[41] Wie sich gesellschaftlich durchsetzungsfähige Normen zu geschriebenem Recht verfestigen, ist unter geschlechtsspezifischen Aspekten bisher noch kaum angegangen worden. Ähnlich verhält es sich mit wirtschaftsgeschichtlichen Fragestellungen. Zwar häufen sich Studien über weibliche Arbeit und geschlechtsspezifische Arbeitsteilung.[42] Auch, daß Frauen in der Güterverteilung meist benachteiligt waren, ist heute ein Gemeinplatz. Ihre tatsächliche Verfügungsgewalt über Besitz ist bisher jedoch noch nicht untersucht worden. Schließlich bleibt auch noch genauer zu klären, wie patriarchale Strukturen ohne letzlichen Konsens der Frauen überhaupt funktionieren sollten.[43] Frauen und Macht – die große Forschungslücke?

Selbst dann, wenn Frauenmacht explizit zum Thema erhoben wird, geht und ging es meist nur indirekt um Macht. »Frauenmacht in der Geschichte« hieß das Motto des Historikerinnentreffens zur Frauengeschichte 1985 in Bonn.[44] Der Dokumentationsband zur Tagung veranschaulicht das Spannungsfeld, in dem sich die Machtfrage von Frauen in Geschichte und Gegenwart bewegte und wohl noch bewegt recht deutlich: Die Themen waren weit gesteckt. Implizit ging es in allen auch irgendwie um Macht. In den dokumentierten Beiträgen zum Schwerpunkt »Kampf gegen gesellschaftliche Tabus – Die Sexualitätsdebatte um die Jahrhundertwende« schwingt die Diskussion um die Macht zur Selbstdefinition und Verfügung über die eigene Sexualität mit. Der Schwerpunkt: »Frauen und Mädchenbildung« handelt auch vom geschlechtsspezifischen Kampf um den Zugang zu Bildungsressourcen. Im Bereich »Weiblichkeitsbilder zwischen Utopie und Realität« geht es letztlich um die Macht, Geschlechtscharaktere zu definieren. Der erste Schwerpunkt mit Nähe zu politischer Macht: »Frauen im Freiheitskampf« befaßt sich mit der »männliche(n) Projektion weiblichen Handelns« und damit eigentlich nicht mit weiblichem politischen Vermögen, sondern mit der männlichen Perspektive hiervon. Weitere Schwerpunkte beinhalten Beiträge eher zu weiblicher (Ohn)macht im Bereich weiblicher Arbeit oder thematisieren *das* spezifische Betätigungsfeld weiblichen Kämpfens um gesellschaftliche Einflußnahme auf dem politischen Weg, die Frauenbewegung. Thematisch im engen Sinn ging es auf der Bonner Tagung um Macht in einer Podiumsdiskussion, an der interessanterweise keine Historikerin teilnahm und die sich im wesentlichen darum drehte, inwieweit die Übernahme von Ämtern im Patriarchat es unmöglich macht, wahre Frauenpolitik zu betreiben. Macht war also in allen dokumentierten Beiträgen präsent und doch gleichzeitig nirgends?

Daß es zunehmend in der aktuellen Frauengeschichtsforschung nicht nur implizit, sondern auch explizit um Machtfragen geht, belegen neuere theoretische Überlegungen zur Frauengeschichte. So schlägt Uta Schmidt 1994 als Leitfragen feministischer Geschichtsforschung unter anderem die Frage nach den Verhältnissen zwischen den Geschlechtern vor. »Frauen unterhalten vielfältige Machtbeziehungen untereinander. Wie lassen sie sich in ihrer Differenziertheit erschießen? Gibt es eine Gemeinsamkeit von Frauen, die nicht in der Unterdrückung liegt, oder verdankt sich die Gemeinsamkeit ausschließlich der gesellschaftlichen Geschlechterordnung? Läßt sich eine gemeinsame Kultur von Frauen unabhängig von ihrer Unterdrückung beschreiben?«[45]

Hier klingt die neuerdings immer häufiger formulierte Notwendigkeit der Differenzierung innerhalb der lediglich über ihre Geschlechtszugehörigkeit definierten Gruppierung der Frauen an, wenn es um Macht geht. Und in der Tat scheint die Projektion der allumfassenden geschlechtsspezifischen Frauensolidarität mittlerweile einem facettenreicheren Frauenbild gewichen zu sein. »Frauen unterscheiden sich, so Gerda Lerner, nach Klasse, Rasse, ethnischer und regionaler Zugehörigkeit, Religion und beliebig vielen anderen Kategorien. [...] Wir müssen fragen: Gilt unsere Aussage auch für Frauen verschiedener Rassen, für Frauen verschiedener Klassen? [...] Die Schwierigkeit, auf die man stößt, wenn man Rasse, Klasse, Ethnizität und Geschlecht als Mittel der Analyse einführt, besteht darin, daß man anscheinend jedes Problem um endlose Variationen vermehrt, ohne größere analytische Klarheit zu erzielen.«[46] Ist jetzt die neue Ratlosigkeit angesagt?

Dies muß nicht so sein. Neuere Forschungsergebnisse zeigen, daß die Kombination von Geschlecht mit anderen historischen/gesellschaftlichen Zugriffsmöglichkeiten wie Klasse, Rasse oder Nation den jeweiligen Bedeutungsgehalt der gewählten Klassifizierungen klären hilft.[47] »Kombinatorisch« vorzugehen, bedeutet jedoch eines sicherlich: der Verzicht auf Hierarchisierung a priori. Es kann meines Erachtens nicht darum gehen, zu untersuchen, welchem gesellschaftlichen Bezugssystem mehr Gewicht zukam oder zukommt, welche Kategorie mehr oder weniger von historischen Prozessen erklärt. Vielmehr ist zu fragen: welche Interessen liegen dem jeweiligen historischen Handeln zu Grunde und wie ist das Ressourcensystem ausgestaltet, auf das sich welche Gruppe zur Erreichung welcher Ziele stützt? Und schließlich: Welche Deutungskraft haben welche historischen Kategorien zur Analyse des Vorgangs?

Ich will dies beispielhaft am Umgang mit der Macht im Adelsverband der Schönborns veranschaulichen.[48] Das reichsritterschaftliche Geschlecht vollbrachte im 17. Jahrhundert einen außerordentlichen gesellschaftlichen Aufstieg. Über mehrere Generationen hinweg besetzten männliche Angehörige der Familie zahlreiche Wahlbistümer im südwestdeutschen Raum und gestalteten in oft exponierter Stellung die Politik des Reiches mit. Nicht zuletzt gelang es dem Familienverband, den eigenen Besitzstand so zu vermehren, daß die Familie Mediatisierung und Säkularisation unbeschadet überstand. So weit die Rahmenbedingungen.

Im Mittelpunkt der Bestrebungen zur Absicherung und Vergrößerung von Besitz und damit verbundenem politischen Einfluß der Schönborns Ende des 17. Jahrhunderts stand eine Frau, Maria Eleonore Charlotte von Hatzfeld-Gleichen (geb. 1680). Eleonores Leben war maßgeblich von der Tatsache bestimmt, daß ihre Mutter dem Adelsgeschlecht der Schönborns entstammte. Anders, als die meist patrilinear ausgerichtete Geschichtsschreibung zur Entwicklung des Adels vermuten läßt, verlief Eleonorens Leben nicht im Einflußbereich der Hatzfelds, sondern in dem der Herkunftsfamilie ihrer Mutter. Als wenige Jahre nach Eleonorens Geburt der Vater starb, übernahm nicht ein Anverwandter des Vaters, sondern der Bruder der Mutter, Lothar Franz von Schönborn, Erzbischof und Kurfürst von Mainz, die Vormundschaft.[49] Er dürfte zu diesem Zeitpunkt der Verwandte mit der höchsten gesellschaftlichen Stellung gewesen sein.

Hier sprengte die Ausrichtung an der Macht ganz offensichtlich patrilinear definierte Familienmuster.

Recht jung, jünger wohl als in der Reichsritterschaft sonst üblich, wurde Eleonore 1695 verheiratet. Mit knapp 15 Jahren ging sie die Ehe mit Reichsgraf Johann Otto von Dernbach ein, nach damaligem Dafürhalten eine gute Partie. Der über 20 Jahre ältere und zweimalige Witwer ohne Nachkommenschaft besaß ausgedehnte Ländereien in der Steiermark, vor allem aber eines der wenigen reichsunmittelbaren Territorien in Franken, die Grafschaft Wiesentheid, die dem Inhaber einen attraktiven Sitz auf der fränkischen Reichsgrafenbank sicherte. Daß Eleonore für dieses Eheprojekt »gut genug« war, verdankte sie zweierlei Ressourcen. Zum einen garantierte sie dank ihrer genealogisch über mehrere Generationen nachgewiesenen »sauberen« familialen Herkunft die Stiftsfähigkeit der eigenen Nachkommenschaft. Sie besaß damit ein zum Erwerb hoch dotierter männlich besetzter Ämter im Umkreis der südwestdeutschen Domstifter unerläßliches Gut, das im Rahmen reichsritterschaftlicher Macht- und Plazierungsbestrebungen originär an die weiblichen Mitglieder des Verbands gebunden war und ihren eigentlichen gesellschaftlichen Stellenwert ausmachte. Zum anderen bot sie die Einheirat in die Verwandtschaft des mächtigsten Bischofs des Reiches, der, wie in der Reichsritterschaft üblich, weiblichen Anverwandten, ihren Männern und Söhnen durchaus die gleiche Förderung zukommen ließ, die männliche Nachkommen ohnehin erfuhren. Die Motive für Dernbachs Heiratsantrag an die junge Schönbornverwandte, die er zuvor nie gesehen hatte, liegen damit auf der Hand. Eine Ausdehnung des eigenen wirtschaftlichen und politischen Einflußbereichs war als Mitgift der jungen Frau durchaus zu erwarten.

Die Absichten, die die Schönborns mit dieser Eheallianz verbanden, erschließen sich bei näherem Hinsehen schnell. Graf Johann Otto von Dernbach war krank. Zumindest mehrten sich kurz nach der Heirat die Hinweise auf eine ernste Erkrankung mit Todesgefahr, die freilich den treusorgenden Schönbornonkel nicht daran hinderten, den angeheirateten Neffen mit allerhand Besitzungen neu zu belehnen. Der wiederum revanchierte sich Ende 1696, eineinhalb Jahre nach der Eheschließung und ein halbes Jahr vor seinem Tod, damit, seine Ehefrau zur alleinigen Erbin aller seiner Territorien zu bestimmen – angesichts der Tatsache, daß ihm seine Frau keine Nachkommen geboren hatte, ein unerhörtes Unterfangen, in einer Zeit, in der Witwen in der Regel in den Territorien des verstorbenen Mannes nur die Regentschaft bis zum Heranwachsen der Söhne zugestanden wurde.

Maria Eleonore Charlotte von Hatzfeld-Gleichen verwitwete Dernbach avancierte auf diese Weise mit knapp 17 zur ökonomisch bestens abgesicherten selbständigen Witwe, die noch dank der fränkischen Grafschaft als etwaige Heiratspartnerin den Zugriff auf ein reichsunmittelbares Territorium anzubieten hatte. Um mit Max Weber zu sprechen – die knappen Güter, durch die sie Macht, verstanden als Durchsetzungskraft des eigenen Willens, gewinnen konnte, waren beträchtlich angestiegen. Solchermaßen ausgestattet, begann Eleonore ihre neuen Ressourcen im Sinne der eigenen Machterweiterung auch zu nutzen. Sie ließ die Schönbornsche Verwandtschaft wissen, daß sie den nächsten Ehekandidaten selbst auswählen werde, ohne auf familiäre Interessen Rücksicht zu nehmen. Hier kann, wenn man so will, die Kategorie Geschlecht das Durchbrechen vorgegebener Muster in Eleonorens Biographie zum ersten Mal spezifisch beleuchten.

Doch der gesellschaftliche Raum, in dem sich die Gräfin bewegte, ließ ständisch begründete, ökonomisch selbständige Macht einer Frau nicht so ohne weiteres zu. Gleich aus zwei Richtungen machten Verwandte ihres verstorbenen Mannes der jungen Witwe das Erbe streitig. Es war der Fürstbischof von Mainz und Onkel aus der mütterlichen Linie, Lothar Franz von Schönborn, der es auf sich nahm, in jahrelang geführten kostspieligen Prozessen die Interessen seiner Nichte zu vertreten. Ohne seine Unterstützung hätte Eleonore ihr Erbe zweifellos nicht retten können. Daß der Verlust der Verfügungsgewalt über die eigenen Ressourcen sie erneut eng in die Schönbornsche Familie einband, ist nicht weiter verwunderlich. Daß sie schließlich nach langem Zögern 1701 in die Heirat mit einem Cousin aus der eigenen Familie, Rudolf Franz Erwein von Schönborn, einwilligte, sollte zumindest *auch* unter diesem Gesichtspunkt gewertet werden.

Am Rande sei vermerkt, daß wenige Wochen vor der Heirat Kaiser Leopold die Schönbornsche Familie in den Reichsgrafenstand erhob. Das dazu passende Territorium brachte Eleonore schließlich kurz danach ein.

Trotz des offensichtlichen »Machtverlustes« Eleonorens in den kurz geschilderten Erbstreitigkeiten, war sie sich ihrer wohl fundierten Ressourcen durchaus auch bei den Eheverhandlungen bewußt und münzte sie in Verhandlungsfreiheit um. Im Ehevertrag ließ sie sich die alleinige Verfügungsgewalt über ihre eingebrachten Güter zusichern – wenigstens die ökonomische Macht wollte sie sich offenbar erhalten. Und mit einem weiteren dort aufgenommenen Paragraphen ließ sie die Grenzen des Üblichen weit hinter sich zurück. Sie bestimmte, daß die zinsliche Nutznießung ihres eingebrachten Besitzes im Erbfall ausschließlich den zukünftigen Töchtern zu gute kommen sollte – ein »unerhörtes« Zeugnis »feministischen« Handels im frühen 18. Jahrhundert, ein Verhalten, das ohne die Anwendung der historischen Kategorie Geschlecht, ohne die Annahme eines spezifisch weiblichen Interesses unerklärbar bleiben müßte. Der Vertrag und die mit ihm verbundene implizite Benachteiligung der Söhne führte zu etlichem Gerangel zwischen den Nachkommen Eleonorens.

Doch die Töchter sollten ihr Besitzrecht behaupten. Sie waren mit ihrem durchaus ansehnlichen Zinseinkommen weitaus besser ausgestattet, als dies in anderen reichsritterschaftlichen und reichsgräflichen Familien des 18. Jahrhunderts der Fall war, und vieles spricht dafür, daß ihre ökonomisch begründete relative Unabhängigkeit vom Familienverband in größere Entscheidungsfreiheit über den Verlauf des eigenen Lebens einmündete. Von den vier die Kindheit überlebenden Töchtern Eleonorens verheiratete sich nur eine. Eine weitere schlug nachweislich etliche von der Familie gewünschte Eheanträge unter Hinweis auf ihre fehlende Sympathie gegenüber dem Kandidaten aus. Zwei weitere Töchter finden sich als Äbtissin eines adeligen fränkischen Damenstifts und als Angehörige des Ursulinen-Lehrordens, des Ordens der im katholischen Raum die professionelle Mädchenelitebildung des 17./ 18. Jahrhunderts organisierte. Sie wurde sozusagen berufstätig. So weit das Schönbornsche Beispiel.

Ausgehend von der geschlechtsspezifischen Aufgaben- und Ressourcenverteilung im reichsritterschaftlichen Adelsverband des 17./18. Jahrhunderts, der sämtliche Familienmitglieder ob männlichen oder weiblichen Geschlechts in die Interessen der Familie einband, sie aber auch mit Gütern versorgte, sollte es das Ineinanderspielen von politischen, ständisch/rechtlichen und wirtschaftlichen Machtressourcen und Strategien verdeutlichen und aufzeigen, welche zusätzliche Erklärungskraft die Kategorie Geschlecht erhält. Vor allem die Wechselwirkungen zwischen Geschlecht, ständischen Privilegien, Besitz und Politik standen dabei im Mittelpunkt. In diesem Beispiel nahm weibliche Macht, definiert als Verfügungsfreiheit über die eigene Person, mit dem Anwachsen ökonomischer Ressourcen und dem Verfügen über rechtliche Besitzprivilegien, über das knappe Gut »reichsständisch privilegierten Territorialbesitzes« zu. In anderen Zeiten, Situationen und Klassenlagen mögen veränderte Konstellationen zu variierenden Ergebnissen führen.

Literatur

Beard, Mary R.: Woman as force in history, New York 1947.

Blasius, Dirk: Bürgerliche Rechtsgleichheit und die Ungleichheit der Geschlechter. Das Scheidungsrecht im historischen Vergleich, in: Frevert, Ute (Hrsg.): Bürgerinnen und Bürger, Göttingen 1988, Seite 67–84.

Bock, Gisela: Historische Frauenforschung: Fragestellungen und Perspektiven, in: Hausen, Karin (Hrsg.): Frauen suchen ihre Geschichte, München 1983, Seite 22–59.

Dies.: Chanching Dichotomies, Perspektives on Women's History, in: Offen, Karen u.a. (Hrsg.): Writing Women's History. International Perspectives, Hong Kong 1991, S. 1–23.

Borries, Bodo von: Forschen und Lernen an Frauengeschichte – Versuch einer Zwischenbilanz, in: Joeres, Ruth-Ellen B., Kuhn, Anette (Hrsg.): Frauen in der Geschichte VI, Düsseldorf 1985, Seite 49–89.

Brunner, Otto / Conze, Werner / Kosselleck, Reinhard: Geschichtliche Grundbegriffe, Artikel Macht, Bd. 3, Stuttgart 1982, Seite 817–935.

Canning, Kathleen: Geschlecht als Unordnungsprinzip, in: Schissler, Hanna (Hrsg.): Geschlechterverhältnisse im historischen Wandel, Frankfurt 1993, Seite 139–163.

Dalhoff, Jutta / Frey Uschi / Schöll, Ingrid (Hrsg.): Frauenmacht in der Geschichte, Düsseldorf 1986.

Davidoff, Leonore: Gender, Class and Nation, in: History today, Vol. 42, 2, (1992), Seite 49 bis 53.

Davis, Natalie Zemon: Gesellschaft und Geschlechter, in: dies.: Frauen und Gesellschaft am Beginn der Neuzeit, Berlin 1986, Seite 117–132.

Dumont du Voitel, Waltraud: Macht und Entmachtung der Frau, Frankfurt 1994.

Evans, Richard J.: Feminismus als Forschungskonzept, Anmerkungen für die Praxis, in: Joeres, Ruth-Ellen B. / Kuhn, Anette (Hrsg.): Frauen in der Geschichte VI, Düsseldorf 1985, Seite 35–48.

Fester, Richard / König, Marie E.P. / Jonas, Doris F. / Jonas, A. David (Hrsg.): Weib und Macht. Fünf Millionen Jahre Urgeschichte der Frau, Frankfurt 1979.

Fiesler, Beate / Schulze, Birgit (Hrsg.): Frauengeschichte gesucht – gefunden, Köln 1991.

Frevert, Ute (Hrsg.): Bürgerinnen und Bürger, Göttingen 1988.

Dies. / Wunder, Heide / Vanja, Christina: Historical Research on Women in the Federal Republic of Germany, in: Offen, Karen u.a.(Hrsg.): Writing Women's History. International Perspectives, Hong Kong 1991, Seite 291–331.

Frevert, Ute: Entwicklungen, Sackgassen und Perspektiven historischer Frauenforschung, in: Jenisch, Susanne (Hrsg.): Standpunkte, Ergebnisse und Perspektiven der Frauengeschichtsforschung in Baden-Württemberg, Tübingen 1993, Seite 13–24.

Gerhard, Ute: Warum Rechtsmeinungen und Unrechtserfahrungen von Frauen nicht zur Sprache kommen, in: Zeitschrift für Rechtssoziologie, 5, (1984), Seite 220–234.

Goody, Esther: Warum die Macht rechthaben muß: Bemerkungen zur Herrschaft eines Geschlechts über das andere, in: Lüdtke, Alf (Hrsg.): Herrschaft als soziale Praxis, Göttingen 1991, Seite 67–112.

Greifeld, Katarina: Macht, Autorität und Einfluß, in: Anthropos, 87, 1/3, (1992), Seite 200–205.

Hagemann, Karen: Frauenalltag und Männerpolitik. Alltagsleben und gesellschaftliches Handeln von Arbeiterfrauen in der Weimarer Republik, Bonn 1990.

Hall, Catherine: White, Male and Middle Class: Exploration of Feminism and History, Cambridge 1992.

Hausen, Karin (Hrsg.): Geschlechterhierarchie und Arbeitsteilung, Göttingen 1993.

Honegger, Claudia, Heintz, Bettina (Hrsg.): Listen der Ohnmacht, Frankfurt 1984.

Kocka, Jürgen: Kontroversen um Frauengeschichte, in: ders.: Geschichte und Aufklärung, Göttingen 1989, Seite 45–52.

Kuhn, Anette: Das Geschlecht eine historische Kategorie? Gedanken zu einem aus der Geschichtswissenschaft verdrängten Begriff, in: Brehmer, Ilse, u.a. (Hrsg.): Frauen in der Geschichte IV, Düsseldorf 1983, Seite 29–50.

Dies.: Frauengeschichtsforschung. Zeitgemäße und unzeitgemäße Betrachtungen zum Stand einer neuen Disziplin, in: Aus Politik und Zeitgeschichte, B34–35, (1990) S. 3–15.

Langewiesche, Dieter: Sozialgeschichte und Politische Geschichte, in: Schieder, W. / Sellin, V. (Hrsg.): Sozialgeschichte in Deutschland I, Göttingen 1986, Seite 9–33.

Lerner, Gerda: Unterschiede zwischen Frauen neu gefaßt, in: Schissler, Hanna (Hrsg.): Geschlechterverhältnisse im historischen Wandel, Frankfurt 1993, Seite 59–79.

Leuker, Maria-Theresia: »Geschlecht« als Forschungskategorie in neueren Studien zur Geschichte der frühneuzeitlichen Niederlande, in: Westfälische Forschungen 4, (1991), Seite 488–494.

Liebertz-Grün, Ursula: Women and Power: On the Socialization of German Noblewomen 1150–1450, in: Monatshefte vol.82/1, (1990), Seite 17–37.

Lindgren, Uta: Wege der historischen Frauenforschung, in: Historisches Jahrbuch 109, (1989), Seite 211–219.

Lipp, Carola (Hrsg.): Schimpfende Weiber und patriotische Jungfrauen. Frauen im Vormärz u. in der Revolution 1848–49, Tübingen 1986.

Paletschek, Sylvia: Frauen und Dissens. Frauen im Deutschkatholizismus und in den freien Gemeinden, Göttingen 1990.

Dies.: Das Dilemma von Gleichheit und Differenz. Eine Auswahl neuerer Forschungen zur Frauengeschichte zwischen Aufklärung und Weimarer Republik, in: Archiv für Sozialgeschichte 33, (1993), Seite 548–569.

Perrot, Michelle: Die Frauen, die Macht und die Geschichte, in: Corbin, Alain / Farge, Arlette / Perrot, Michelle (Hrsg.): Geschlecht und Geschichte, Frankfurt 1989, Seite 225–248.

Rogers, Susan Carol: Female Forms of power and the myth of male dominance: a model of female/male interaction in peasant society, in: American Ethnologist 2, 4, (1975), Seite 727–756.

Schissler, Hanna (Hrsg.): Geschlechterverhältnisse im historischen Wandel, Frankfurt 1993.

Dies.: Einleitung. Soziale Ungleichheit und historisches Wissen, in: dies.: Geschlechterverhältnisse im historischen Wandel, Frankfurt 1993, Seite 9–36.

Schmidt, Uta: Vom Rand zur Mitte, Zürich 1994.

Schröder, Hannelore: Die Rechtlosigkeit der Frau im Rechtsstaat. Dargestellt am Allgemeinen Preußischen Landrecht, am Bürgerl. Gesetzbuch und an J. G. Fichtes Grundlage des Naturrechts, Frankfurt 1979.

Ulbrich, Claudia: Frauen- und Geschlechtergeschichte, Teil I: Renaissance, Humanismus und Reformation, in: GWU 3, (1994), Seite 109–120.

Weber, Max: Wirtschaft und Gesellschaft, 5. rev. Auflage, Tübingen 1972.

Wicha, Barbara: Der Zugang zu Recht und Verwaltung – oder: Der Verhinderte Zugang zu Macht, in: Gürtler, Christa / Mazohl-Wallnig, Brigitte / Bachinger, Katrina / Wallinger-Nowak, Hanna (Hrsg.): Frauenbilder – Frauenrollen – Frauenforschung, Wien 1987, Seite 132–150.

Wierling, Dorothee: Keine Frauengeschichte nach dem Jahr 2000! in: Jarausch, Konrad H. / Rüsen, Jörn / Schleier, Hans (Hrsg.): Geschichtswissenschaft vor 2000, Hagen 1991, Seite 440–456.

Wunder, Heide / Vanja, Christina (Hrsg.): Wandel der Geschlechterbeziehungen zu Beginn der Neuzeit, Frankfurt 1993.

Urte Bejick

Zwischen Liebe und Vernunft

Weibliche und männliche Macht
bei Hildegard von Bingen und Christine de Pizan

Ich möchte heute über zwei Frauen aus einer uns fremden Welt – dem Anfang und Ausgang des Mittelalters – sprechen, die auf ihre Weise »Macht« ausgeübt haben. Ich meine damit nicht Macht in einem primär historischen und politischen Sinne, sondern Macht als »Einfluß«, denn beide, die Äbtissin Hildegard und die »Berufsschriftstellerin« Christine de Pizan wirkten vor allem über ihr »Wort«: Hildegard in Predigten, Briefen und vor allem in der Niederschrift ihrer Visionen, de Pizan in einer Reihe von Schriften zur Frauenfrage. Ich werde aber nicht über den realen Einfluß dieser Frauen sprechen, sondern über ihre Selbstlegitimation als Einflußnehmende, das heißt ihre »Machtquelle« und die Thematisierung von weiblicher und männlicher »Macht« in ihren Hauptwerken. Macht wird dabei in einem weiteren Sinn verstanden: als Fähigkeit zum Selbstausdruck, zur Selbstbehauptung seines Selbstwertes in der Welt und als Lebenskraft, die sich in religiöser Beziehung, aber auch in der Sexualität ausdrückt.

Hildegard von Bingen (1098–1179)

Hildegards Lebensweg war zunächst von der Ohnmacht eines Kindes geprägt: Die Tochter einer Adelsfamilie aus Alzey wurde 1104 im Alter von acht Jahren als Inklusin dem Kloster Disibodenberg übergeben: von einer Mauer umgeben und abgeschirmt, an ein Männerkloster angeschlossen, aber belehrt und unterrichtet durch eine Frau, Jutta von Spon-

40

heim. 1112 oder 1115 legte Hildegard freiwillig die Profeß als Benediktinerin ab, 1136 wurde sie nach Juttas Tod Äbtissin einer kleinen Nonnengemeinschaft. Ab 1141 erfuhr die oft Kränkliche Visionen, die sie zunächst ängstlich verschwieg, worauf sich ihre Krankheiten verstärkten. So geplagt fragte sie schließlich 1146 den angesehenen Bernhard von Clairvaux um Rat, der die Rechtgläubigkeit ihrer Gesichte bestätigte. Die 1141 zaghaft begonnene Niederschrift ihrer Visionen wurde darufhin fortgesetzt und 1151 in dem Werk »Scivias« vollendet.[1] Um die Visionärin hatten sich vermehrt Frauen gesammelt, so daß Hildegard unter Protest der Mönche 1151 mit 18 Nonnen zur Gründung eines eigenen Klosters auf dem Rupertsberg aufbrach. Trotz widriger Umstände konnte ein eigener Konvent ins Leben gerufen werden, für den die inzwischen auch durch den Papst anerkannte Visionärin die Freiheit von einem (männlichen) Vogt durchsetzen konnte. 1165 erweiterte sie ihren Konvent um das Kloster Eibingen bei Rüdesheim. Trotz weiterer Krankheiten empfing Hildegard weitere Visionen, die sie von Sekretären und Nonnen niederschreiben und illustrieren ließ. 1158 bis 1161 entstand das »Liber vitae meritorum«, das »Buch der Lebensverdienste«[2], indem sich Laster und Tugenden ein Rededuell liefern, 1163 bis 1174 das »Liber Divinorum Operum« oder »De Operatione Dei«[3], eine Summe über die Welterschaffung und -erlösung, in die der Mensch und seine Körperlichkeit integriert sind. Der Natur und dem Körper widmete die Äbtissin, die sich zugleich als Botanikerin und Apothekerin betätigte, weitere Werke, neun Bücher einer Naturkunde und »Causa et Curae«, ein Kompendium der Heilkunde für körperliche und seelische Beschwerden.[4] Die Äbtissin führte zudem einen regen Briefwechsel, dichtete Lieder und Gebete und ein Singspiel.

Kritisch sah die inzwischen als Autorität anerkannte Hildegard das Leben der Kleriker ihrer Zeit. 1158 bis 1170 unternahm sie vier Reisen: durch das Maingebiet, Rheinland-Lothringen, das Rheinland bis Köln und nach Schwaben. Auf diesen Reisen predigte sie öffentlich: zum einen, und das war erwünscht, gegen »Ketzer« wie die asketischen Katharer, zum anderen aber benannte sie die Unglaubwürdigkeit der Kleriker als Grund aller Sektiererei. 1179 mußte die 81jährige allerdings selbst ein Interdikt über ihr Kloster hinnehmen, als sie einen exkommunizierten, aber von seinem Beichtvater freigesprochenen Edelmann auf dem Klostergelände beerdigen ließ und einsegnete. Hildegard blieb der hierfür zuständigen Kirchenbehörde in Mainz gegenüber standhaft, der Bischof von Mainz gab schließlich nach und hob das Interdikt auf. Heute vor mehr als 800 Jahren, am 17. September 1179 starb Hildegard von Bingen.

Hildegard hatte nicht nur als Äbtissin eines Nonnenklosters »Macht« ausgeübt; ihre Visionen gaben ihr auch Mut zum Widerstand gegen Autoritäten. Die streitbare Äbtissin konnte sich die Freiheit nehmen, auch politische Machthaber anzugreifen, so Friedrich Barbarossa. Die Macht zu solchen Worten verliehen ihr visionäre Erfahrungen, die die Siebzigjährige ihrem Sekretär Wibert von Gembloux mitteilt:

»O getreuer Knecht! Ich armseliges Frauengebilde sage Dir wiederum in der wahren Vision diese Worte. ... Seit meiner Kindheit, da meine Knochen, Nerven und Adern noch nicht gekräftigt waren, schaue ich diese Vision in meiner Seele bis auf den heutigen Tag, da ich mehr als siebzig Jahre alt bin. In dieser Vision steigt meine Seele, so wie Gott es will, hinauf in die Höhe des Firmaments und in verschiedene Luftschichten, sie breitet sich zwischen den verschiedenen Völkern aus, obwohl sie ferne von mir sind in entlegenen Gegenden und Orten. ... Was ich in dieser Vision erschaue oder lese, das behalte ich lange Zeit im Gedächtnis, so daß ich, wenn ich jenes Licht sehe und höre, mich erinnere und zugleich sehe, ... höre und weiß, gleichsam in einem Augenblicke lernend, was ich weiß. Was ich aber nicht schaue, das weiß ich nicht; denn ich bin ungelehrt. Man hat mich nur unterwiesen, in Einfalt die Buchstaben zu lesen. ... In dieser Vision werde ich nicht gelehrt, wie die Philosophen zu schreiben ... Dieses Lichtes Gestalt vermag ich in keiner Weise zu erkennen, wie ich ja auch die Sonnenscheibe nicht voll anschauen kann. ...Wegen der steten Krankheit, an der ich leide, habe ich manchmal Überdruß, die Worte und Gesichte vorzubringen, die mir da gezeigt werden. Wenn aber meine Seele jenes Licht sieht und kostet, dann werde ich ... so verwandelt, daß ich allen Schmerz und Kummer vergesse. Und was ich dann in der Vision schaue und höre, das schöpft meine Seele wie aus einem Quell, der aber doch voll und unerschöpflich bleibt.«[5]

Die Beteuerung der eigenen Schwäche und Unwürdigkeit, die dennoch göttlichem Auftrag folgt, begegnet bei Hildegard häufig. Dabei ist aber nicht mit einem plumpen Schema von »oben« und »unten« zu rechnen, wobei die Äbtissin sich durch Befehl von »oben« zur Weissagung genötigt sieht oder sich gar zur Durchsetzung eigener Ziele auf diese beruft. Die sie zum Reden treibende und legitimierende »Macht« ist für Hildegard nicht eine abgelöste höhere Qualität, sondern die in der ganzen Schöpfung erfahrbare Lebenskraft, die zur Erhaltung des Geschaffenen treibt. Ich will dies exemplarisch an einer Vision des »Scivias« verdeutlichen.

»Und ich, ein Mensch, der nicht heißblütig nach Art starker Löwen und auch nicht von dem, was sie aussagen, unterrichtet war, sondern zart wie eine zerbrechliche Rippe blieb, sah von geheimnisvollem Hauch befruchtet, ein hellleuchtendes Feuer, unendlich, unauslöschlich, ganz lebendig und voller Leben. Es hatte eine himmelblaue Flamme in sich, die in sanftem Hauch glühend brannte.«

»Und ich hörte aus dem erwähnten lebendigen Feuer eine Stimme zu mir sagen: ›O elendes irdisches Geschöpf, als Frau unerfahren in jedweder Kenntnis fleischlicher Gelehrsamkeit, um die Schriften mit philosophischem Verstand zu lesen; du bist vielmehr nur von meinem Licht getroffen, das dich im Innern wie die glühende Sonne mit ihrem Brand entflammt. Verkünde, erzähle und schreibe meine Geheimnisse, die du in geheimnisvollem Gesicht siehst und hörst, nieder. Sei nicht furchtsam, sondern sage, was du im Geiste erkennst, wie ich es durch dich mitteile. ... Deshalb, du Kleinmütige, die du von geheimnisvollem Hauch innerlich belehrt wurdest, obgleich du wegen der Übertretung Evas vom Manne unterjocht wirst, sprich von diesem feurigen Werk, das dir in glaubwürdigem Gesicht gezeigt wird.‹«[6]

Zunächst fällt hier wieder der Dualismus von göttlicher Stärke und menschlicher Schwäche auf. Hildegard beschreibt sich als »nicht heißblütig«, »zart«, sie wird als »elendes irdisches Geschöpf« angeredet, als Frau »unerfahren« und kleinmütig. Hier wird nicht nur auf Hildegards persönliche psychische Konstitution angespielt, sondern auch auf ihre Sicht der Frau, wie ich sie noch schildern werde. Dem steht die göttliche Berufung gegenüber: Sie sieht ein »hellleuchtendes Feuer«, »voller Leben«, das den Menschen erwärmt und zur Weißglut erhitzt. Dieses erfahrene Licht übertrifft die »fleischliche Gelehrsamkeit« die Hildegard nicht besitzt, ihre Weisheit ist nicht mit Verstand angelesen, sondern unmittelbar erfahren. »Du bist vielmehr nur von meinem Licht getroffen, das dich im Innern wie die glühende Sonne mit ihrem Brand entflammt«. Sie wird durch »geheimnisvollen Hauch innerlich belehrt« und kann die, die ihrem lehrenden Auftrag im Volk nicht nachkommen, das heißt unfähige Kleriker, ermahnen – als Frau! – obwohl diese dem Mann »unterjocht« ist.

In der Rede fallen die vielen Metaphern auf: Feuer, Glut, Hauch, der Mensch als Erdgeschöpf. Die vier Elemente begegnen bei Hildegard nicht als bloße Metaphern, sie sind Sinnbild des Göttlichen, des Kosmos und Mikrokosmos, die durch sie konstituiert werden. Im ganzen handelt es sich bei dem vorliegenden Bild um eine Schöpfungsvision. In der Auslegung des Bildes auf Schöpfung und Erlösung hin begegnen aber keine Symbole einer väterlichen Macht, die patriarchalisch die Welt schafft, sondern einer lebendigen Energie, die die Schöpfung durchdringt. So steht das hellleuchtende Feuer für Gott als Schöpfer. Das Bild vom Feuer als schöpferischer Energie, aber auch von der (weiblichen) Gnade und Liebe Gottes, die wie ein Feuerring den Kosmos im Arm hält, ist die Rede. Gottes Schöpfermacht ist so keine von der Schöpfung losgelöste, sondern sie umarmende und durchdringende Kraft.

Ihr Ziel findet die göttliche Macht aber, als sie einen Lehmklumpen findet, den »Grundstoff der weichen, zarten, schwachen Menschennatur.« Das göttliche Feuer erwärmt ihn und gießt ihm »Grünkraft« ein.

Die Grünkraft ist das eigentliche Sinnbild für Hildegards Machtvorstellung. Der lateinische Terminus lautet »viriditas«. Diese Grünkraft ist göttliche Potenz und Lebenskraft, die aus dem göttlichen Licht in die Schöpfung fließt, den Kreaturen ihr Sosein verleiht und Pflanzen, Tiere und Menschen belebt.

»Da hauchte dieser Geist einer jeden erschaffenen Kreatur je nach ihrer Art das Leben ein und entzündete in ihnen durch Einhauchen das Feuer, auf daß jede Kreatur je nach ihrer Art Feuer und Leben in sich habe. ... Jedes Geschöpf wäre ohne Trost und verlassen, es würde verfallen und zerfallen, wenn es nicht durch das Fundament des feurigen Lebensgeistes gestärkt würde.«[7] Diese Grünkraft wird zunächst im Wachsen und Gedeihen der Schöpfung erfahrbar und ist göttliches Attribut: »Denn wenn der Herr nicht voller Lebenskraft wäre, wie wäre es dann um sein Werk bestellt?«

Diese Grünkraft konstituiert die Schöpfung in ihrer Eigenart. Ihre Vollendung findet sie aber im Menschen, der spricht:
»Gott, der mich erschaffen, der wie ein Herr Seine Gewalt über mich hat, ist auch meine Kraft, weil ich ohne Ihn nichts Gutes vermag ...« (OpDei III5).[8]

Diese Kraft wirkt vor allem in der vernunftbegabten Seele, die mit dem Leib zusammenarbeitet. Ebenso ist der Mensch als Kreatur nur als relatives Wesen zu anderen Kreaturen, nur in Verflechtung mit dem, Kosmos lebensfähig.

Der Mensch darf einerseits über die Schöpfung herrschen, andererseits erfährt er durch ihren wunderbaren Anblick auch seine Schwäche und Gebrechlichkeit. Im ersten Menschen fanden die Elemente des Alls ihre Vollendung:
»Es brannte ein rötliches Feuer durch die Macht Gottes in seinem Blut.«[9]

Auch der Leib des Menschen ist so von der göttlichen Lebenskraft durchdrungen. Wie die viriditas die Pflanzen zum Gedeihen bringt, so macht sie auch Zeugung und Gebären zum Akt einer göttlichen Energie. Die viriditas, vielleicht im Anklang an virilitas, sitzt im Mark des Mannes, bei der Frau im Monatsblut. Die menschliche Libido wird von Hildegard mit den Metaphern von Hitze und Feuer beschrieben, den gleichen Worten, die sie zur Bezeichnung der göttlichen Energie gebraucht.

In der Geschlechtlichkeit des Menschen ist sogar die göttliche Menschenbildung nachgeahmt:
»Denn der Mann besitzt für seine Aufgabe drei Kräfte, das heißt die Begierde, die Zeugungskraft und das Streben. ... Es zeigt sich so, wie bei der Erschaffung Adams drei Kräfte angedeutet sind. Der Wille Gottes bildete den Menschen in Vollmacht und er tat es in großer Liebe, als er selbst den Menschen zu seinem Bild und Gleichnis schuf. Im Willen Gottes aber erkenne die Begierde des Mannes, in der Vollmacht Gottes die männliche Zeugungskraft und im Liebeswillen und in der Liebeskraft Gottes das Streben der Begierde und der Zeugungskraft des Mannes« (Scivias).[10]

Die Frau besitzt ähnliche Potenz: »Die Frau kennt eine Zeit, in der ihr innerer Saft zutagetritt und sich mit dem Strom ihrer Lebenskraft glühend in ihr ausbreitet, auch wenn sie keinen Mann freiwillig erkennt, sondern ihn verschmäht und seinem Willen nicht zustimmt noch Kinder gebiert« (Scivias).[11]

Die Hitze der Lust wirkt bei Mann und Frau gleich stark, beide sind gleichwertig bei der Entstehung neuer Menschen beteiligt. Auch die Frau besitzt Potenz:

»Die Blutung zur Zeit der Menstruation ist bei der Frau ein Zeichen für ihre Kraft, Leben zu zeugen und zu blühen. Sie blüht in ihren Kindern. Wie ein Baum aufgrund seiner Lebenskraft blüht und Laub und Früchte hervorbringt, so bringt auch die Frau aus der Lebenskraft ihrer Monatsblutung Blüten und Laub in ihrer Leibesfrucht hervor.«[12]

Wenn Hildegard auch Sexualität immer mit Zeugung und Geburt verkoppelt und die »Kraft« der Frau zunächst an deren Gebärfähigkeit bemißt, ist ihr jedoch die Wertschätzung menschlicher Sexualität als Abglanz göttlicher Energie zuzuschreiben, v.a. aber auch die Betonung weiblicher Potenz. Daneben finden sich aber auch traditionelle Aussagen von der Schwäche der Frau, ihre Bezeichnung als »Gefäß« und der Hinweis auf ihre Unterordnung. Wie sind diese zu verstehen? Hildegard rechnet als christliche Theologin mit dem Sündenfall als eklatantem Bruch in der Schöpfung und unterscheidet die göttliche Idee des ersten Menschen von der empirisch erfahrbaren Menschheit.

»Bevor Adam und Eva das göttliche Gebot übertreten hatten, leuchteten sie in ihrem Glanz wie die Sonne, und dieser Glanz war gleichsam ihre Bekleidung.«[13]

Der Mensch hat den Auftrag, die viriditas der ganzen Schöpfung in sich zu vereinen:

»Gott übergab ihm die ganze Schöpfung, damit er sie mit männlicher Kraft durchdringe, da er sie verstand und kannte. Der Mensch selbst ist die ganze Schöpfung, und der Lebenshauch, der kein Lebensende hat, ist in ihm. «[14]

Die Frau dagegen wurde nicht aus Erde, sondern aus Fleisch gebildet, daher gilt sie als zarter und weicher, sie hat einen »luftigen, scharfen Sinn und ein vergnügliches Leben, da sie noch nicht die Last der Erde drückte.«[15]

Die Frau wird hier bereits in der noch nicht gestörten Schöpfung als »schwächer« beschrieben, wobei diese Schwäche keine Minderwertigkeit sein muß. Ebenso wird im Werk der Erlösung der Gottessohn als »schwach« gegenüber der göttlichen Potenz beschrieben und ist doch Feuer im Feuer der göttlichen Trinität und Mittler der Erlösung. »Stark« und »schwach« sind hier komplementär. Die Elemente der Schöpfung können unterschiedliche »Stärke« besitzen, ohne daß hier ein Werturteil einfließen muß. Eva gilt als »Spiegelgestalt« Adams:

»Dies tat Gott in Seiner mannhaften Schöpferkraft, so wie Er auch den ersten Mann in Seiner gewaltigen Kraft hervorgebracht hatte, Mann und Frau sind auf eine solche Weise miteinander vermischt, daß einer das Werk des anderen ist. Ohne die Frau könnte der Mann nicht Mann heißen, ohne Mann könnte die Frau nicht Frau genannt werden. So ist die Frau das Werk des Mannes, der Mann ist ein Anblick voller Trost für die Frau, und keiner vermöchte es, hinfort ohne den anderen zu leben. Der Mann ist dabei ein Hinweis auf die Gottheit, die Frau auf die Menschheit des Sohnes Gottes.«(OpDei IV 100)[16].

»Der trinitarische Gott befreit Mann und Frau aus einem menschheitsgeschichtlichen Kampf der Geschlechter – die größere Fülle der Macht. Er offenbart sich nicht dort, wo Macht ist, sondern wo Ohnmacht begegnet.«[17] Die Grenzen von empirischer Stärke und Schwäche werden hier fließend, da in beiden die göttliche Energie wirksam werden kann.

Der Sündenfall allerdings pervertierte und schwächte die menschliche Konstitution. Im Sündenfall sieht Hildegard »Hochmut«, ein »Sichselbsteinwollen« des Menschen, das heißt eine Art autistischen Rückzug auf sich selbst und die hochmütige Loslösung aus der ganzen Schöpfung. Dieser Bruch führt zur Schwächung der viriditas im Menschen.

Kosmische Harmonie herrscht nur im »schwachen« Verhalten des Menschen, der Demut und Geduld. Aber auch die leib-seelische Konstitution des Menschen wie seine Lebenskraft sind durch den Fall beschädigt. Das leuchtende Grün des Blutes in den Adern wird durch »Schwarzgalle« getrübt, die zur Melancholie führt. Aber auch die Geschlechtlichkeit des Menschen hat Schaden gelitten.

Denn beim Sündenfall Adams verwandelte sich »die Manneskraft im Zeugungsglied in einen giftigen Schaum, und das Blut des Weibes verwandelte sich in einen unangenehmen Ausfluß.«[18]

Schmerzen bei der Menstruation sind ein Hinweis auf die Strafe des Gebärschmerzes. Der Sündenfall trübte auch das Verhältnis von Mann und Frau:

»Die große Liebe, die in Adam war, als Eva aus ihm hervorging, und die Süßigkeit des Schlafes, in dem er lag, verwandelte sich aber bei seinem Sündenfall in das Gegenteil der Süßigkeit.«[19]

Mann und Frau sind jetzt gierig aufeinander, das Feuer in ihnen wird durch den Beigeschmack der Sünde getrübt und ist schwer kontrollierbar. Mann und Frau werden zwar »ein Fleisch« und gewinnen dadurch Integrität, doch ist der Empfängnis das Element der Gewalt beigemischt:

»Die erste Mutter der Menschheit war ähnlich dem Äther geschaffen. Denn wie der Äther alle Sterne in sich trägt, so trug sie selbst, unberührt und unversehrt und ohne einen Schmerz, die Menschheit in sich, als ihr gesagt wurde: Wachset und mehret euch! Und dies geschieht unter großen Schmerzen. Denn die Frau ist jetzt wie die Erde, die vom Pflug durchfurcht wird.«[20]

So bedeutet der Bruch in der Schöpfung auch für die Frau Verlust der Integrität und Schwächung ihrer Potenz.

Rettung für die Schöpfung geschieht aber durch Schwäche, den demütigen Mann Jesus:

»Durch den Lebensquell des Wortes kam nämlich die umarmende Mutterliebe Gottes zu uns« (Scivias)[21]

und: »Gott wollte ihm (dem Feind) nicht in seiner Macht entgegentreten, sondern überwand ihn in Demut durch seinen Sohn« (Scivias).[22]

Durch sein demütiges Vorbild und den Geist wird der Mensch zur Demut befähigt, die seine Seele für das Einströmen der Grünkraft in Form der Tugenden wieder öffnet:

»Denn Demut und Liebe sind wie Seele und Leib, die zusammen mehr Gewalt besitzen als die übrigen Kräfte der Seele und die Glieder des Leibes.« (Scivias).[23]

Jesus wurde geboren von einer starken Frau, die Jungfrau Maria, die ihn zur Welt brachte, ohne versehrt zu werden. In ihrer Empfängnis ist die Grünkraft am reinsten erhalten und entwickelt:

»Er sollte im Lauf der dahineilenden Zeiten in der Glut der Liebe, wunderbar und ohne Befleckung und Belastung von Sünde, durch die

Lebenskraft und Milde des Heiligen Geistes im Morgenrot der seligen Jungfräulichkeit Mensch werden« (Scivias).[24]

An manchen Stellen des »Scivias« scheint die ungebrochene Heilkraft des Sohnes aus der »Unversehrtheit« seiner Mutter gespeist:

»Mein Sohn ist aus der unversehrten Jungfrau geboren, die keinen Schmerz kannte, sondern in der Keimkraft (viriditas) ihrer Unberührtheit verblieb, wie die Pflanze in herrlichem Grün prangt, auf die der Himmelstau fällt.« (Scivias)[25]

So kann Hildegard, die einerseits die Elternschaft als Fortsetzung göttlicher Macht preist, auch wenn sie um deren Ambivalenzen weiß, andererseits die Jungfräulichkeit als edelsten Stand herausheben. Diese Hervorhebung begegnet in erster Linie im »Scivias«, dem »kirchlichsten« von Hildegrads Büchern. Im »Heilwissen« scheint das Bild ihres eigenen Standes nicht bruchlos. In der Schilderung der »Melancholikerin«, der Frau mit schwacher Potenz, scheint sich die Kränkliche selbst charakterisiert zu haben als kränklich, unkonzentriert und unfruchtbar.[26] Dennoch bedeutet für sie Jungfräulichkeit nicht Unfruchtbarkeit, sondern Entfaltung der Grünkraft in höchster Potenz in einer Fruchtbarkeit der Seele. Dies hat in der Jungfrau Maria sein Vorbild.

Die Jungfrau ist im Sinne des Wortes die »integre« Frau. Von anderen Frauen wird gesagt: »Deshalb soll sich auch die Frau, die durch den Umgang mit einem Mann die Unversehrtheit ihrer Jungfräulichkeit zerstört hat, mit der Wunde ihrer Verletzung des Kirchgangs enthalten,« und der Mann darf »(wenn durch die offenen Wunden seiner verletzenden Berührung die Unversehrtheit der weiblichen Glieder zerstört wurde), die Kirche nur mit Furcht und in großer Bedrängnis betreten ... So hat auch Kain die unversehrten Glieder seines Bruders Abel, der ein Tempel Gottes war, grausam zerstückelt.« (Scivias)[27]

Durch die Konzentration auf den himmlischen Bräutigam behält die Jungfrau nicht nur ihre körperliche Integrität, sie entzieht sich auch der Unterjochung unter den Mann:

»Damals schaute Eva noch zu Gott und nicht zu ihrem Adam auf. So allein aber – aufblickend – soll eine Frau es halten, die aus ihrer Liebe zu Gott einen fleischlichen Mann verschmäht. Zu Gott allein blicke sie auf und nicht mehr zu einem anderen Manne, den sie doch vorher nicht haben wollte.«

Wer sich zum Dienst Gottes entscheidet, besitzt viriditas virilis animi (Scivias). So können Hildegards Nonnen, von Zeitgenössinnen kritisiert, geschmückt und in weißen Kleidern zum Altar treten, das Haar, Zeichen der Potenz, offen und unverschleiert. Bedeutet Keuschheit für den männlichen Kleriker Verzicht, aber auch Selbstbeherrschung, so schreibt ihr Hildegard realistisch bei den Frauen auch das Element der Freiheit zu. In der weiblichen körperlichen und sozialen Integrität vollendet sich die göttliche Grünkraft und Potenz. Dabei können göttliche Macht und weibliche, menschliche Schwäche zusammenwirken, wie Hildegard am Ende in »De Operatione Dei« bekennt:

»Nun sei Gott Lob in Seinem Werke, dem Menschen! ... Und so möge Er, der allmächtige Gott, mit dem Öle Seiner Barmherzigkeit auch die armselige Frau zu salben sich würdigen, durch die Er die vorliegende Schrift herausgegeben hat. Denn sie selbst lebt ohne alle Sicherheit, und sie besitzt auch nicht die Wissenschaft ... Denn vom Tage ihrer Geburt an lebt diese Frau unter schmerzhaften Krankheiten wie in einem Netze verstrickt, so daß sie in ihren Adern, ihrem Mark und ihrem Fleische von Schmerzen ständig geplagt wird. Dennoch hat es dem Herrn bis jetzt nicht gefallen, sie aufzulösen. Denn sie sollte durch die Gehäuse ihrer vernunftbegabten Seele bestimmte Geheimnisse Gottes auf geistige Weise schauen. ... Denn sie steht unter der Inspiration des heiligen Geistes in einer dienenden Existenz: Sie besitzt ihre körperliche Komplexion aus der Luft, weshalb ihr auch aus dies der luftartigen Sphäre, vom Regen, vom Wind, vom jedem Wetterumschlag die Krankheit eingeprägt wird, und zwar derart, daß sie auf keine Weise eine körperliche Sicherheit in sich zu besitzen vermag.«[28]

Zusammenfassung

1. Hildegard von Bingen sieht Gott als Quelle der Macht, wobei diese nicht im Sinne von übergeordneter Autorität oder gar Gewalt, sondern als lebensspendende und erhaltende Energie gedeutet wird. Diese Macht kann mit der »männlichen« Metapher »viriditas« bezeichnet werden, aber auch mit der Weisheit und Barmherzigkeit, die den Kosmos umarmt, gleichgesetzt werden.

2. Die göttliche Macht im Sinne von Lebenskraft, Potenz und Energie durchdringt die ganze Schöpfung und garantiert ihr Gedeihen, sie kulminiert im Menschen, der aber nur innerhalb der Schöpfung sowohl seiner Würde als auch seiner Gebrechlichkeit gewahr wird. Er ist das schwächste und zugleich stärkste Geschöpf.

3. Die Grünkraft ist auch in der Geschlechtlichkeit des Menschen manifest, Sexualität und Fortpflanzung sind – wenn auch beeinträchtigter – Ausfluß der göttlichen Energie. Das Bild der Sexualität ist ambivalent: Hildegard verkoppelt sie unlöslich mit der Fortpflanzung, Homosexualität, Sexualität als Selbstzweck oder Selbstbefriedigung lehnt sie ab, obwohl sie um eine unabhängige Libido in beiden Geschlechtern weiß.

4. Die Beteiligung an der Fortpflanzung ist bei Mann und Frau gleich, auch wenn Hildegard mitunter Bilder vom Acker oder vom Gefäß gebraucht. Die Frau wird zwar als zarter und schwächer als der Mann geschildert, aber diese Termini begegnen auch ohne negative Konnotation bei der Beschreibung des Menschen als Geschöpf.

5. Seit dem Sündenfall, dem hochmütigen Rückzug des Menschen aus der Schöpfung, ist sowohl das Verhältnis von Mann und Frau als auch ihre Sexualität gestört. Männliche Sexualität »verletzt« die Integrität der Frau und wird zum Gewaltakt, die im Blut manifeste viriditas des Menschen degeneriert zum schleimigen Sperma und zum ausfließenden Menstruationsblut. Mit dem Sündenfall wandelt sich auch die Liebe von Mann und Frau zum Herrschaftsverhältnis.

6. Erlösung bringt Gottessohn, der in seiner Demut den Menschen Wege zur Befreiung der Grünkraft zeigt. Er wurde von der Jungfrau Maria als Vorbild unverletzter Weiblichkeit geboren, um die verlorene Integrität des Menschen wiederherzustellen. Er wird in vollendeter Weise von den Ehelosen nachgeahmt, was für den Mann Selbstbeherrschung und Verzicht, für die Frau aber Unversehrtheit des Körpers und Freiheit vom Joch des Mannes bedeutet. Die unabhängige Jungfrau kann so zum Vorbild der im Menschen verwirklichten göttlichen

Macht und Potenz werden und in Zielen, die außerhalb von Ehe und Kindergebären liegen fruchtbar sein.

Christine de Pizan (1365–1430)

Einer ganz anderen Umwelt entstammt Christine de Pizan (1365–1430), der in ihrer Zeit eine Reihe gelehrter und schreibender Frauen zur Seite stehen. Die von ihrem Vater früh geförderte Tochter eines Hofastrologen am Hofe Karls V. wurde 1380 mit dem königlichen Sekretär Etienne du Castel verheiratet – eine sehr glückliche Ehe, wie sie selbst schreibt. Nach dem Tod des königlichen Förderers, dem Tod des Vaters 1387 und schließlich ihres Mannes 1390, sah sich Christine vor die Aufgabe gestellt, für ihre drei Kinder, die Mutter und eine arme Nichte zu sorgen. Diese Notwendigkeit machte sie zur ersten weiblichen »Berufsschriftstellerin«, die sich zunächst durch Liebesromane ihren Unterhalt besorgte. 1405 erschien »Das Buch von der Stadt der Frauen«[29], der Abschluß einer Reihe von Kampfschriften, die Pizan 1399 bis 1402 gegen den populären »Rosenroman« des Jean de Meun, einem freizügigen, aber zutiefst frauenfeindlichen Werk, verfaßt hatte. Daneben umfaßt de Pizans Gesamtwerk aber auch geistliche und weltliche Lyrik, Traktate zu Frauenfragen und Stellungnahmen zur zeitgenössischen Politik, die weite Verbreitung fanden. Im folgenden soll die »Stadt der Frauen« behandelt werden, eine wichtige Stimme im Streit um den »Rosenroman« und innerhalb der »Querelle des femmes«.

Christine schildert selbst ihre Arbeitsbedingungen und die Voraussetzungen ihres Buches. Sie stellt sich dabei als selbstbewußte, gebildete Schriftstellerin dar, die sich nicht in Demutsbezeugungen ergehen muß:

»Als ich eines Tages meiner Gewohnheit gemäß, die meinen Lebensrhythmus bestimmt, umgeben von zahlreichen Büchern aus verschiedenen Sachgebieten in meiner Klause saß und mich dem Studium der Schriften widmete, war mein Verstand es zu jener Stunde einigermaßen leid, die bedeutenden Lehrsätze verschiedener Autoren, mit denen ich mich seit längerem auseinandersetzte, zu durchdenken. Ich blickte also von meinem Buch auf und beschloß, diese komplizierten Dinge eine Weile ruhen zu lassen und mich statt dessen bei der Lektüre heiterer Dichtung zu zerstreuen. Auf der Suche nach irgendeinem Bändchen fiel mir ganz unerwartet ein merkwürdiges Buch in die Hand; es gehörte nicht zu meinem eigenen Bestand, sondern war mir zusammen mit anderen Bänden zur Aufbewahrung anvertraut worden. Ich öffnete es, entnahm dem Titelblatt, das es sich um *Matheolus* nannte und lächelte, denn bislang hatte ich es zwar noch nie einsehen können, aber schon oft gehört, es verbreite, im Gegensatz zu anderen Büchern, Gutes über die Frauen. Ich hoffte also, mich bei seiner Lektüre zu entspannen, kam jedoch kaum dazu, darin herumzublättern, denn schon bald rief mich meine Mutter und holte mich, da es an der Zeit war, zu einem stärkenden Abendessen ab.«[30]

Christine stilisiert sich hier zur Nonne, zur forschenden Asketin, die in ihrer Klause sitzt, anstelle heiliger Schriften widmet sie sich der Wissenschaft. Diese Charakterisierung lehnt sich einerseits an das Vorbild des schließlich von der Philosophie getrösteten Boethius in seiner Zelle an, entspricht aber auch der konkreten Lebenspraxis mancher gelehrter Frauen der Renaissance, die sich unverheiratet zur Wahrung ihres guten Rufes von der »Welt« zurückzogen.[31] Auch sie ist auf die Solidarität von Frauen angewiesen: die Mutter versorgt sie. Des weiteren wird beschrieben, wie sich die Lektüre des Bändchens als Tortur erweist, denn dieses quillt vor Beleidigungen der Frauen über. Christine ist verzweifelt:

»Ach Gott, wie ist das überhaupt möglich? Denn wenn mich mein Glaube nicht trügt, dann darf ich doch annehmen, daß Du in Deiner grenzenlosen Weisheit und vollkommenen Güte nichts Unvollkommenes geschaffen hast. Aber hast Du nicht selbst, und zwar auf eine ganz besondere Weise, die Frau erschaffen und sie dann mit all jenen Eigenschaften versehen, die Du ihr zu geben beliebtest? Es ist doch undenkbar, daß Du in irgendeiner Sache versagt haben solltest? ... Wenn es nun stimmt, teurer göttlicher Herr, und das weibliche Geschlecht wirklich ein Ausbund aller Schlechtigkeit ist, wie es so viele Männer bezeugen (...), weshalb sollte ich dann zweifeln? Ach, Gott, warum ließest Du mich nicht als Mann auf die Welt kommen, damit ich Dir mit meinen Gaben besser dienen könnte, damit ich mich niemals irrte und ich überhaupt so vollkommen wäre, wie es der männliche Mensch zu sein vorgibt? Weil Du jedoch deine Großmut nicht an mir hast walten lassen, mußt Du auch nachsichtig hinsichtlich meiner Schwächen sein, wenn ich Dir diene, teurer göttlicher Herr, denn so ist es nun einmal: je weniger Lohn ein Diener von seinem Herrn bekommt, desto mehr enthebt ihn das von der Verpflichtung zu Dienstleistungen.«[32]

In diesem Gebet ironisiert Christine die traditionellen Demuts- und Unterwerfungsgesten schreibender Frauen. Ihre Hinwendung zu Gott ist nicht nur Appell an einen höheren »Herren«, sondern könnte auch auf die frauenfeindlichen Traditionen in Kirche und Theologie hinweisen, die in säkularisierter Form im »Rosenroman« präsentiert werden. Ihr Gebet wird durch eine Vision bestätigt, doch erscheinen hier keine himmlischen Kräfte, sondern weiblich gedachte Tugenden und Ideale:

»Während ich mich mit so traurigen Gedanken herumquälte, ich den Kopf gesenkt hielt wie eine, die sich schämt, mir die Tränen in den Augen standen und ich den Kopf in meiner Hand barg, den Arm auf die Stuhllehne gestützt, sah ich plötzlich einen Lichtstrahl auf meinen Schoß fallen, als wenn die Sonne schiene. Und ich, die ich mich an einem dunklen Ort aufhielt, den zu dieser Stunde die Sonne gar nicht erhellen konnte, schreckte auf, gleich einer Person, die aus dem Schlaf hochfährt. Ich hob den Kopf, um die Lichtquelle zu suchen, und erblickte drei gekrönte Frauen von sehr edlem Aussehen, die leibhaftig vor mir standen. Das von ihren hellen Gesichtern ausstrahlende Licht erleuchtete mich und alles um mich herum.«[33]

Christine verwendet hier Elemente der religiösen Vision, anstelle von Reue über ihre Sündigkeit wie eine christliche Mystikerin, empfindet sie Scham über die ihrem Geschlecht beigelegte Bosheit. Die drei Frauen geben sich als Vernunft, Rechtschaffenheit und Gerechtigkeit zu erkennen.

Zusammen mit Christine wollen sie kein himmlisches Jerusalem für die MärtyrerInnen, wohl aber eine Stadt gründen, in der Frauen Zuflucht vor Verleumdungen finden. Bausteine dieser Stadt sollen Vorbilder und Beispiele von berühmten Frauen bilden, die in kurzen Biographien vorgestellt werden. Zunächst aber weist die Vernunft anhand der biblischen Schöpfungsgeschichte die Gleichheit von Mann und Frau nach:

»Dort schlief Adam ein, und aus einer seiner Rippen formte Er den Körper der Frau; dies bedeutet, daß Er sie dazu bestimmte, ihm als seine Gefährtin zur Seite zu stehen – nicht jedoch dazu, als Sklavin zu seinen Füßen zu liegen –, und daß er sie lieben sollte wie sein eigenes Fleisch.

Demzufolge war sich der allerhöchste Arbeiter nicht zu schade, den weiblichen Körper zu erschaffen und zu formen: und die Natur sollte sich dessen schämen? ... Ja, und nach welchem Vorbild wurde sie denn erschaffen? Ich weiß nicht, ob du es begreifst: sie wurde nach dem Bilde Gottes erschaffen. Oh! welcher Mund wagt es, etwas zu verunglimpfen, das eine so edle Prägung verrät? Aber wenn die Rede davon ist, daß Gott den Mann nach seinem Bilde geschaffen hat, so sind manche töricht genug zu glauben, dies bezöge sich auf den wirklichen Körper. Aber bestimmt nicht, denn Gott hatte in jener Zeit keine menschliche Gestalt angenommen: vielmehr ist darunter die Seele zu verstehen, die das oberste geistige Prinzip ist und, darin der Göttlichkeit gleich, alle Zeiten überdauern wird. Diese erschuf Gott und versah den weiblichen Körper mit einer ebenso guten, edlen und in jeder Hinsicht gleichwertigen Seele wie den männlichen.«[34]

Aber auch der weibliche Körper ist dem männlichen keineswegs unterlegen: wurde er doch von Gottes Hand geformt, entstand im Paradies und wurde aus dem Fleisch des Mannes gebildet. Wo es eine Hierarchie gebe, sei sie nur aufgrund der Moralität zu rechtfertigen:

»Derjenige, der einen höheren Grad der moralischen Vollkommenheit besitzt, ist der Höhergestellte, nicht im Körper und im Geschlecht ist die Überlegenheit oder die Niedrigkeit von Menschen begründet, sondern in der Vollkommenheit der Sitten und der Tugenden.«[35]

Auch Evas Fehltritt werte Frauen nicht ab, sei er doch die Bedingung der zukünftigen Erlösung, der Vereinigung von Gott und Mensch in dem von der Jungfrau geborenen Christus gewesen:

»Vielmehr sollte man Mann und Frau wegen dieses Fehltritts loben, aus dem eine solche Ehre erwachsen ist.«[36]

Das Fundament und die Verteidigungswälle werden im Gespräch mit der Vernunft angelegt, sie umfassen Frauen, die im eigentlichen Sinne »Macht« ausgeübt haben: Herrscherinnen, Kriegerinnen, aber auch durch Wissen »mächtige« Frauen wie Künstlerinnen, Dichterinnen, Erfinderinnen und Forscherinnen, sowie durch praktische Lebensklugheit sich Auszeichnende. Herrscherinnen und Kriegerinnen werden von Christine objektiv, ohne Wertung geschildert, ihre Taten werden nach »männlichen« Maßstäben bemessen Ihre Vorbilder entnimmt sie dabei zumeist Boccaccios »De mulieribus claris«, wobei Pizan die

»Ausnahmefrauen« des Italieners als »normale Muster weiblicher Leistung«[37] darstellt und weniger von ihren Niederlagen als von ihren Siegen berichtet:

»... zahlreiche Frauen zeigten beträchtlichen Mut, Kraft und Kühnheit, indem sie schwierige Unternehmungen aller Art auf sich nahmen und durchführten.«[38]

Semiramis, in männlicher Geschichtsschreibung Erfinderin der Sklaverei und Gattin des eigenen Sohnes, wird als in ihrem historischen Rahmen verständlich gemachte Herrscherin geschildert:

»In militärischer Hinsicht war sie so gefürchtet, daß sie nicht nur die Gewalt über die eroberten Länder behielt, sondern außerdem mit einem gewaltigen Heer nach Äthiopien zog, dort sehr heftige Kämpfe austrug und schließlich das Land unterwarf und ihrem Reich einverleibte. ... Diese Königin gründete und erbaute erneut mehrere Städte und Befestigungen, vollbrachte eine Reihe anderer großer Taten und so vieles, daß von keinem Mann jemals größere Kühnheit und erstaunlichere, der Erinnerung würdigere Leistungen überliefert worden wären.«[39]

Auch die militärischen Leistungen der Amazonen werden gewürdigt.

»Sie übten das Waffenhandwerk mit so viel Vergnügen aus, daß sie durch Waffengewalt ihr Land und ihren Herrschaftsbereich beträchtlich vergrößerten, so daß die Kunde ihres Ruhmes überallhin drang.«[40]

Besondere Achtung zollt Christine den Frauen, die Mut mit keuschem Lebenswandel vereinten:

»(Die Amazone Synope) hatte ein so edles und stolzes Herz, daß sie sich zeit ihres Lebens nie dazu herabließ, sich mit einem Mann zu paaren, sondern ihr ganzes Leben lang Jungfrau blieb.«[41]

Die unverheirateten Frauen erscheinen hier als säkularisierte, kriegerische Schwestern der Klosterjungfrauen. Der Grund ihrer Keuschheit ist deutlich ausgedrückt: Er resultiert nicht aus Verzicht und Moral, sondern aus dem Stolz der freien, selbstbestimmten Frau. Doch trotz allem Lob der mächtigen, »starken« Frau, begegnet bei Christine ebenso ein Differenzdenken und der Vorzug »weiblicher« Werte. Diese werden zunächst von Männern spottend ins Spiel gebracht:

»Nach der Auffassung der Männer mindern diese Schwächen (an physischer Kraft) stark den Rang und die Würde des weiblichen Geschlechts, denn gilt doch: je mehr es einem Körper an irgendetwas mangelt, desto minderwertiger ist er und folglich desto weniger des Lobes würdig.«[42]

Doch die Vernunft weiß Rat:

»Ich versichere dir, schöne Freundin, der große und starke Körper bedingt keineswegs einen tugendhaften, kraftvollen Sinn: dieser beruht vielmehr auf einer natürlichen moralischen Stärke. ... denn aufgrund dieses angenehmen Mangels sind sie wenigstens davon ausgenommen, die scheußlichen Grausamkeiten, Morde, großen und grausamen Schindereien zu begehen, die als Folge der Anwendung von Gewalt auf der Welt begangen wurden und auch heute noch geschehen; aus diesem Grunde werden sie auch von den Strafen verschont bleiben, die solche Vergehen nach sich ziehen. ... Wahrlich, ich sage dir und komme damit zu meinem Ausgangspunkt zurück: wenn die Natur die Glieder des weiblichen Körpers nicht mit großer Kraft versehen hat, so hat sie dies dadurch vollkommen ausgeglichen, daß sie die Frauen mit der ehrbarsten aller Neigungen versehen hat, nämlich der Liebe zu Gott und der Furcht vor der Verletzung seiner Gebote, jene Frauen jedoch, die anders sind, handeln wider ihre Natur.«[43]

Auch die »Kindlichkeit« der Frauen sei von Vorteil, sie beruhe auf ihrer Sanftmut, die auch den eher unmännlichen Jesus ausgezeichnet habe. Trotz ihrer kindlichen Einfachheit sind Frauen nicht dumm. Die Schrift, das Rechnen, die Wollverarbeitung und Ölgewinnung waren Erfindungen von Frauen! Griechische Göttinnen werden als historische Personen gedeutet, wobei Frauen auch zu »männlichen« Taten fähig waren:

»Ferner tat (Minerva) noch mehr und noch Erstaunlicheres, liegt es doch der weiblichen Natur eigentlich fern, an so etwas zu denken: sie erfand die Technik und die Möglichkeit, die Rüstung und die Waffen aus Eisen und Stahl herzustellen, die die Ritter und die Kriegsleute in der Schlacht benutzen und mit denen sie ihre Körper schützen...«[44]

Auch hier differieren bei Christine »Natur« und empirisch faßbare Leistung der Frauen. Frauen sind als Erfinderinnen den Männern gleich oder überlegen, gleichwohl resultiert ihre Überlegenheit einmal in ihrer Rolle als Mütter der Männer und in ihrer breit gefaßten Versorgung des dazu wohl ungeschickten männlichen Geschlechts. Dennoch betont Christine auch in Hinblick auf Wissen und Können die Gleichheit von

Mann und Frau, etwaige Unterschiede sind der mangelnden Erziehung der Mädchen anzulasten:

»Noch einmal sage ich dir mit allem Nachdruck: wenn es üblich wäre, die kleinen Mädchen eine Schule besuchen zu lassen und sie im Anschluß daran, genau wie die Söhne, die Wissenschaften erlernen zu lassen, dann würden sie genauso gut lernen und die letzten Feinheiten aller Künste und Wissenschaften ebenso mühelos begreifen wie jene. [...] Ganz offensichtlich ist dies darauf zurückzuführen, daß Frauen sich nicht mit so vielen verschiedenen Dingen beschäftigen können, sondern sich in ihren Häusern aufhalten und sich damit begnügen, ihren Haushalt zu versehen. Nichts aber schult vernunftbegabte Wesen so sehr wie die Praxis, die konkrete Erfahrung auf zahlreichen und verschiedenen Gebieten.«[45]

Biederer muten danach die von der Rechtschaffenheit errichteten Wohnungen der Stadt an, die gerade die durch den Rosenroman bestrittenen weiblichen Tugenden umfassen: die prophetische Begabung mancher Frauen, die Elternliebe fürsorgender Töchter, eheliche Liebe und Treue, Verschwiegenheit, Keuschheit und Treue, die Liebe, Tugend und Großzügigkeit der Frauen und ihre Wohltaten an den Männern. »Weibliche« Stärke wird hier in der Beziehungsfähigkeit der Frauen und ihrer Sorge für Angehörige und Nächste gesehen. Die Ehe sieht Christine dabei in brutaler Realistik:

»Ach, teure Freundin, du weißt selbst, wieviele Frauen es gibt, die aufgrund der Härte ihrer Ehemänner ein jämmerliches Leben unter dem Joch der Ehe fristen und die dabei mehr leiden, als wenn sie Sklavinnen bei den Sarazenen wären!«[46]

Männer werden als herrschsüchtig, den Krankheiten ihrer Frauen und ihrer Eltern gegenüber gleichgültige Grobiane geschildert, die in der Ehe dominieren. Christines Ideal ist eine Ehe, die auf gegenseitiger Liebe, Treue und Friedfertigkeit beruht und wie sie sie selbst geführt hat. Weniger glücklichen Frauen rät die Rechtschaffenheit, ihre Männer durch Ausdauer und Tugend zu überwinden. Angeführt wird die im Spätmittelalter beliebte sado-masochistische Erzählung der Griselda, eines armen Bauernmädchens, das von dem »gutaussehenden«, »recht klugen« aber auch »merkwürdigen« Markgrafen von Saluzzo aus einer Laune heraus geheiratet wird, weil es schön, anmutig, ehrbar und von liebenswerten Umgangsformen ist. Die junge Frau wird von ihrem Mann auf viele Weisen psychisch grausam gequält: es nimmt ihr die Kinder weg, angeblich, um sie aus politischer Räson zu töten, und wirft sie schließlich aus dem Haus, um eine Adelige zu heiraten, wobei Griselda auch noch die Hochzeit vorbereiten soll. Griselda aber behält durch ihren Glauben, ihre Reife Klugheit und Würde den Prüfungen stand, so daß der zufriedengestellte Graf sie als die neue Braut zu erkennen gibt und ihr ihre Kinder gesund zurückgibt – fortan lebt sie mit ihrem Peiniger glücklich zusammen.[47] Christine weiß noch mehr Beispiele von brutalen und wankelmütigen Männern, denen Frauen in ihrer Standhaftigkeit und Würde überlegen sind. Insbesondere empört sie sich über das Vorurteil, Frauen wollten vergewaltigt werden und führt dabei nicht nur verzweifelte Selbstmörderinnen, sondern auch die Königin der Galater an, die ihren Vergewaltiger kurzerhand niederstach.[48] Zeugnisse weiblicher Liebe erweisen sich aber nicht nur in Treue und Dulden, sondern auch in der Aktivität von Frauen. Neben leidenden Griseldas schildert sie auch Ghismonda von Salerno, die von ihrem Vater eifersüchtig bewacht wird, aber nicht unverheiratet »ihre Jugend vergeuden« will und durch Klugheit einen Knappen ihres Vaters für sich gewinnt, um,

»ihre Sinnlichkeit mit ihm auszuleben, um ihre Jugend in größerer Freude zu verbringen und dem Übermut ihres Herzens Genüge zu tun.«[49]

Zuvor muß der Freund jedoch eine Probe edler Gesinnung und Intelligenz ablegen, bevor sie ihm ihre Liebe anträgt:

»weil dich nach meiner Meinung deine edle Gesinnung und dein dir eigenes untadeliges Verhalten einer solch hochgestellten Liebe würdig macht. Der Jüngling...dankte ihr demütig dafür.«[50]

Ghismondas Liebe erweist sich als echt, als der aufgebrachte Vater den jungen Mann tötet und sie diesem in den Tod folgt. Dennoch ist Christines Ideal nicht die erotisch mächtige Frau, obwohl sie (die nach manchen Traditionen häßliche) Medusa bewundert:

»sie habe neben der Schönheit ihres Körpers, ihres Antlitzes und ihres goldblonden, langen und lockigen Haares noch einen so anziehenden Blick besessen, daß sie jedes sterbliche Wesen, das sie anblickte, in ihren Bann schlug. Sie ließ die Menschen beinahe bewegungslos verharren, und aus diesem Grunde heißt es in der Sage, sie seien versteinert worden.«[51]

Den Vorzug aber geben wahrhaft edle Männer nach Christine nicht den schönen, sondern den einfachen, ehrbaren Frauen.

Gekrönt wird die Stadt mit den Dächern, die die Gerechtigkeit aus dem durch überwollende Männer unangreifbaren Jüngerinnen, Heiligen und Märtyrerinnen, die Tugend wie Stärke zugleich bewiesen und deren Krönung die heilige Jungfrau darstellt. Durch diese Wendung zu Vorbildern aus dem Bereich der religion gewinnt die Stadt zuletzt utopische Züge, sie wird »einer Stadt, von der sich sagen läßt: Gloriosa dicta sunt de te, civitas Dei.«[52]

Diese Utopie wird aber geerdet, wo sich die »Stärke« der Frau sich in ihrer Leidensfähigkeit erweist. Geschlagenen Frauen kann Christine nur raten:

»Jene Frauen schließlich, denen wankelmütige, gottlose und schwierige Männer zuteil wurden, müssen diese erdulden und versuchen, ihrer Gottlosigkeit Herr zu werden, um sie nach Möglichkeit zu einem Leben in Vernunft und Sanftmut zu bekehren. Sollte aber die Verstocktheit der Männer dies vereiteln, so erwerben diese Frauen doch dank ihrer Tugend der Vernunft wenigstens ihrer Seele einen großen Schatz, und alle Welt wird sie preisen und ihnen Recht geben.«[53]

Diese Frauen stehen allerdings am Ende einer abschließenden Aufzählung – verheiratete Frauen allgemein, glücklich verheiratete, Frauen, deren Männer zwischen gut und böse schwanken – an deren Anfang allerdings die »freien« Frauen stehen.

Für diese steht die Jungfrau Maria in ihrer Kraft und Demut.

»Und dann, meine lieben Frauen, treibt bitte mit diesem neuen Vermächtnis keinen Mißbrauch in der Weise der Hoffärtigen, denen die Vermehrung ihres Wohlstands und ihrer Güter zu Kopf steigt. ... Da es sich also so verhält, daß mit der sittlichen Vollkommenheit eines Geschöpfes auch seine Demut und Sanftmut wachsen, soll Euch diese Stadt dazu veranlassen, in Ehrsamkeit, Tugend und Demut zu leben.«[54]

Die Überlegenheit der Tugend und Gelehrsamkeit über die reale Macht hatte die »Vernunft« bereits bei Grundlegung der Stadt betont:

»In früheren Zeiten, so berichtet die Überlieferung, wurde das Reich der Amazonen auf Geheiß und Bestreben mehrerer großherziger Frauen gegründet, welche die Knechtschaft verachteten. ... Aber so mächtig und stark jene auch waren und obgleich sie in der Zeit ihrer Herrschaft einen Großteil des gesamten Orients eroberten und alle Nachbarländer in Schrecken versetzten, ... zerfiel doch am Ende die macht dieses Königreiches. ... Aber du wirst mit dieser Stadt, die du zu bauen hast, ein weitaus beständigeres Werk schaffen.«[55]

Hierin erweist sich einerseits die moralische »Macht« der Frau, aber auch ihre Ohnmacht. In der Fortsetzung der »Stadt der Frauen«, »Le Trésor de la cité des dames«, einem Pflichtkatalog für die Frauen unterschiedlicher Stände, wird untadeliges Verhalten gemäß der jeweiligen sozialen Position gefordert. »Die Verteidigung der Frauen gegen die verbalen, seelischen und sexuellen Attacken der Männer war der erste und einzige Zweck ihres großartigen Baues. Sie fordert keine Neuordnung der sozialen Rollen,« bewertet Margaret L. King Pizans großes Werk. Dennoch finden sich in diesem Gebäude einzelne wichtige Bausteine, die zur Begründung weiblicher Macht herangezogen werden können.

Zusammenfassung

1. Bei Christine de Pizan finden sich zwei Konzeptionen weiblicher »Macht«, die noch in der heutigen feministischen Diskussion divergieren.

2. In ihrer Schilderung berühmter Frauen, die es den Männern gleichtun, werden Kriegerinnen und Herrscherinnen in ihren Taten angeführt und an »männlichen« Maßstäben gemessen.

3. Andererseits wird weibliche »Schwäche« als Tugend und Stärke, nämlich als Unfähigkeit zu Gottlosigkeit und Krieg, umgedeutet. Im Kontext ihres Werkes und ihrer Intention, der Bekämpfung des Rosenromans wird wahre Macht als Stärke der Tugend interpretiert.

4. Einen »Machtzuwachs« für Frauen sieht Pizan daher durch die zunehmende Bildung der Mädchen gewährleistet.

5. Die Entfaltung weiblicher Tugend und Bildung ist für Pizan in erster Linie der ledigen oder verwitweten Frau, aber auch der glücklich mit einem ebenfalls gebildeten Mann verheirateten möglich. Pizan teilt nicht nur diese Auffassung mit anderen Humanisten und Humanistinnen, sondern auch den Rat an mißhandelte Ehefrauen, ihre Ehemänner durch Tugend zu bessern – wie ihn auch Erasmus von Rotterdam und Olympia Morata nicht besser geben konnten.

6. So finden sich bei Christine de Pizan radikale Aussagen über die Gleichheit von Frau und Mann neben deren Zurücknahme, wenn es um den realen »sozialen Stand« einer Person geht. »Daß zwei so verschiedenartige Botschaften in ein und demselben Leben aus ein und demselben Kopf kommen konnten, verrät viel über den Unterschied zwischen der damaligen und der heutigen Zeit,« kommentiert Margaret L. King.[56] Aber ist dieser »Unterschied« bezüglich der Machtfrage wirklich so groß?

Literatur zu Hildegard von Bingen:

Brück, Anton Ph. (Hrsg.): Hildegard von Bingen, 1179–1979. Festschrift zum 800. Todestag der Heiligen. Mainz 1979.

Cadden, Joan: It takes all kinds: sexuality and gender differences – Hildegard of Bingen's »book of compound medecine«. Traditio XC (1984), Seite 149–174.

Führkötter, Agnes / Sudbrack, Josef: Hildegard von Bingen (1098–1179). In: Große Mystiker. Leben und Wirken. Ed. Rubach, Gerhard / Sudbrack, Josef. München 1984, Seite 122–141.

Lautenschläger, Gabriele: Hildegard von Bingen. Die theologische Grundlegung ihrer Ethik und Spiritulität. Stuttgart Bad Cannstatt. 1993.

Schnipperges, Heinrich: Das Bild des Menschen bei Hildegard von Bingen. Ein Beitrag zur philosophischen Anthropologie des 12. Jahrhunderts. Diss. Bonn 1952.

Scholz, Bernhard: Hildegard von Bingen on the nature of woman. ABR 31 (1980), Seite 361–383.

Termolen, Rosel: Hildegard von Bingen, Biographie. Augsburg 1990.

Werthmann, Annelore: Die Seherin Hildegard. Rückzug in eine großartige Welt innerer Bilder. In: Die Erhöhung der Frau. Psycho-analytische Untersuchungen zum Einfluß der Frau in einer sich transformierenden Gesellschaft. Ed. Meyer zur Capellen, Renée / Werthmann, Annelore / Widmer-Perrenoud, May. Ffm. 1993, Seite 145–280.

Literatur zu Christine de Pizan:

Hicks, E.C. Hicks: Le Débat sur le »Roman de la Rose« (Christine de Pizan, Jean gerson, Jean de Montreuil, Gontier et Pierre Col). Paris 1977.

King, Margaret L.: Frauen in der Renaissance. München 1993, Seite 259–280.

Pernoud, Régine Pernoud: Christine de Pizan. München 1989.

Tanz, Sabine Tanz: Christine de Pizan- Schriftstellerin und Vorkämpferin für die Rechte der Frau. In: Fürstinnen und Städterinnen. Frauen im Mittelalter. Hrsg.: Beyreuther, Gerald / Pätzold, Barbara / Uitz, Erika. Freiburg/ Basel/ Wien 1993, Seite 164–189.

Franziska Roller

Hilfe als Herrschaft?

Diakonissen in Surinam 1900 bis 1933

Mein Anliegen ist es, anhand eines eng umrissenen Feldes der Kolonialmission in den ersten drei Jahrzehnten dieses Jahrhunderts, die Beziehungs- und Machtgeflechte in einer christlichen Pflegeanstalt darzustellen. Im Zentrum meiner Überlegungen wird die Positionierung der Diakonissen innerhalb der Anstalt stehen. Ich frage nach den Beschränkungen und Autoritäten, denen sie unterworfen sind, aber auch nach ihren Möglichkeiten und Machtstellungen. Es geht mir dabei um die unterschiedlichen Stereotypen, denen die Verhaltensweisen weißer europäischer Männer und Frauen folgen, aber auch um die Bezugspunkte, die ihnen gemeinsam sind. In Anbetracht der Kürze der Zeit werde ich Hintergrundinformationen vernachlässigen und mich auf die konkrete Arbeitssituation der Frauen konzentrieren.

Mein Beispiel ist die geschlossene Institution Bethesda zur Missionierung von an Morbus Hansen, das heißt an Lepra, Erkrankten in Surinam. Es handelt sich um eine Anstalt in einer holländischen Kolonie in Südamerika, die von einer deutschen Missionsgesellschaft geleitet wird. Das Asyl wurde um 1899 von den Herrnhutern, einer protestantischen Freikirche, gegründet, und mein Untersuchungszeitraum erstreckt sich bis zum Beginn der dreißiger Jahre, als die Anstaltsleitung in holländische Hände übergeben wurde. Die Arbeitssituation der Diakonissen in diesem Asyl ist sicher in besonderer Weise geprägt, zum einen, weil die Missionsarbeit an protestantisch-herrnhutischen Glaubensgrundsätzen orientiert ist, zum anderen durch die Tatsache, daß das Asyl in einer Kolonie eingerichtet wurde und vorwiegend mit schwarzen SurinamerInnen belegt war. Ungeachtet der Verschärfung der Hierarchien durch

Kolonialismus und Rassismus denke ich, daß die Machtbeziehungen innerhalb des Asyls aufschlußreich für die generelle Situation von Frauen in Pflegeberufen zu Beginn des Jahrhunderts sind.

Die Arbeit der Diakonissen orientiert sich ganz direkt an der Stellung der Missionarsehefrau, die nicht nur im Dienst der Missionierten, sondern auch und vor allem im Dienst ihres Ehemannes steht. In vergleichbarer Weise wird die Tätigkeit der Diakonissen auch als Hilfsdienst für die Arbeit des Missionars gewertet. So sind es dann auch ausschließlich die als spezifisch weiblich definierten Missionsbereiche, in denen die Diakonissen eingesetzt werden. Dies erklärt sich aus der Orientierung an den als naturgegeben propagierten Geschlechtscharakteren, die von den Frauen mütterliche, bewahrende und häusliche Qualitäten verlangen. Hier spiegeln sich die polarisierten geschlechtsspezifischen Zuschreibungen wider, wie sie Karin Hausen für die Zeit seit dem 18. Jahrhundert im Zuge der Entwicklung des bürgerlichen Familienideals feststellt.[1] Es findet eine Übertragung der Aufgaben der bürgerlichen Hausfrau auf das »Wesen der Frau« statt. Die Stereotypen von Hausfrau und Mutter erfahren gegen Ende des 19. Jahrhunderts eine Ausweitung auf den beruflichen Bereich. Es ist offensichtlich, daß die Diskussion um die berufliche Mütterlichkeit auch das Image der Diakonissen prägte. Die Entscheidung, als Diakonisse zu arbeiten, soll eher als Berufung denn als Beruf aufgefaßt werden.

Die evangelische Kirche ist zu Beginn des 19. Jahrhunderts bestrebt, Frauen stärker in die Pflege von Kranken und in die Innere Mission zu integrieren, wie dies in der katholischen Kirche schon seit Jahrhunderten der Fall ist.[2] Hier spielen christliche Frauenbilder eine wichtige Rolle, so zum Beispiel der aus der Schöpfungsgeschichte entliehene Topos der Frau als »Gehilfin« des Mannes. Darüber hinaus ist aber auch die Umwertung der Krankenpflege im 19. Jahrhundert von Bedeutung. Bischoff beschreibt einen Wandel vom schmutzigen Beruf der Unterschichten hin zur Bestimmung bürgerlicher Frauen.[3] In diese Entwicklung hinein fallen auch die Forderungen der bürgerlichen Frauenbewegung, ihre häuslichen Fähigkeiten auch im beruflichen und öffentlichen Bereich einzubringen.

Die Festschreibung von geschlechtsspezifischen Fähigkeiten und Wesensmerkmalen bildet dann auch die Grundlage für die Art und Weise der Zusammenarbeit zwischen Diakonissen und Missionar. Dieses Programm bestimmt bereits die ersten Vorüberlegungen zur Organisation des Asyls um zirka 1893:

»Die Thätigkeit der Geistlichen ist eine ganz andere; sie sollen nicht genöthigt werden sich mit den Arbeiten zu befassen, die sich auf das leibliche Wohl der Kranken beziehen, sondern sollen sich auf ihr Amt beschränken, (...) Auch ihre Stellung gegenüber den Kranken, die körperlich sehr gut von Diakonissen (...) genügend verpflegt werden können, bekommt dadurch, daß sie sich nur mit dem inneren Wohl und dem Seelenheil der Leidenden beschäftigen, eine höhere Weihe, als es der Fall sein würde, wenn sie genöthigt wären, bei der gewöhnlichen Bedienung der Kranken mit Hand an zu legen, wobei sie auch noch bei dem reizbaren Zustand, in welchem sich solche Patienten oft befinden, manchen Unannehmlichkeiten ja sogar Beleidigungen ausgesetzt sein würden.«[4]

Die Planer des Asyls unterscheiden in Arbeiten, die für den männlichen Seelsorger angemessen sind, und solche, die von dem ihm unterstellten weiblichen Pflegepersonal erledigt werden können. Die Diakonissen haben den schwierigeren und unangenehmeren Teil der Arbeit zu übernehmen, sowohl was die Tätigkeiten selbst angeht, als auch in bezug auf die psychischen Belastungen durch den »reizbaren Zustand« der Kranken. Es wird von ihnen erwartet, daß sie die körperliche Pflegearbeit leisten, die eine Voraussetzung für die Mission darstellt. Möglicherweise trägt ihre Betreuung wesentlich mehr zur Bekehrung von Missionierten bei als die geistliche Seelsorge. Dennoch gelten in der (Kolonial-)Mission in erster Linie Gottesdienst und geistliche Seelsorge als die eigentliche Missionsarbeit, während der Aufgabenbereich der Diakonissen nur als Hilfsdienst bewertet wird.

Diese Scheidelinie zwischen »Geist« – im Missionszusammenhang auch »Seele« – und »Körper«, markiert also gleichzeitig die Trennung zwischen männlichen und weiblichen Aufgabenbereichen. Diese Aufteilung der Tätigkeitsbereiche reproduziert die im bürgerlichen wie im religiösen Kontext gültige Festschreibung der Verbindung von Körper und Weiblichkeit. Formulierungen wie »höhere Weihe« und »gewöhnliche Bedienung« zeigen, daß die geistliche beziehungsweise geistige Arbeit einen höheren Stellenwert einnimmt als die körperliche.[5]

Die Diakonissen akzeptieren diese Zuschreibungen vor dem Hintergrund ihrer bürgerlichen und herrnhutischen Sozialisation. Sie identifizieren sich mit ihrer Rolle als Pflegende mit religiösem Auftrag. Die im kolonialen Denken wie in der »Äußeren Mission« vorherrschende Assoziation der Schwarzen mit Körperlichkeit als Naturhaftigkeit führt andererseits dazu, daß sich die Diakonissen in korrekt gestärktem weißem Leinen und strenger Haartracht im Vergleich zu ihren Pfleglingen der rein religiösen, geistigen Welt zugehörig fühlen können. Dies ist nach Kalpaka/Räthzel ein Spezifikum des Rassismus gegenüber anderen Herrschaftsverhältnissen, denn hier erscheinen alle inneren Gegensätze aufgehoben. »So wird den Einzelnen ermöglicht, sich als Sachverwalter »des Ganzen‹ zu imaginieren, zu denken.«[6] Das heißt, die Diakonissen sehen sich ihren Pfleglingen gegenüber in erster Linie als Weiße und als Vertreterinnen der europäischen Kultur und des christlichen Glaubens. Hinter dieser Haltung wird alles andere unsichtbar, verlieren Alter, Klasse, Geschlecht oder Bildung jegliche Wichtigkeit.

Das Selbstverständnis der Diakonissen ist durch drei Instanzen auf ein »dienendes Leben« ausgerichtet. Erstens beherrscht die Grundhaltung, das ganze Leben als »Dienst« zu begreifen, ihre herrnhutisch beziehungsweise pietistisch geprägte Religiosität. Zweitens wird diese Einstellung durch die besondere persönliche Biografie der Frauen verstärkt, da sie zumeist bereits in ihrer Familie als Pflegerinnen gefordert waren. Dazu kommt dann noch die Ausbildung als Diakonisse, welche die bereits angelegte Einübung der aufopfernden Pflege professionalisiert. Gleichzeitig bietet der Beruf einer Diakonisse im »Äußeren« Missionsdienst aber auch eine Würdigung der Pflegearbeit durch die Umwelt, wie sie für die »normale« Diakonissenarbeit wohl weit weniger gegeben wäre, und schon gar nicht für die Pflege innerhalb der eigenen Familie.

Folgende Zeilen aus dem Nachruf für eine Bethesda-Diakonisse machen die Grundeinstellung klar, die für eine Diakonisse bindend ist: Zufriedenheit und Glück in der und durch die dienende Aufopferung.

»Sie wusch, kochte, pflanzte, unterrichtete, verband, pflegte, wachte, tröstete, ermahnte und betete; sie schöpfte aus einem schier unermüdlichen Born von Geduld – alles um ihrer Kranken willen, unter denen, ja für die sie lebte, in denen sie aufging. Und was für Kranke waren das? Die entsetzlichsten, den größten Ekel erregenden, die hoffnungslosen. In diesem Beruf war sie zufrieden und glücklich; denn sie hatte gelernt, nicht mehr an sich, sondern nur an ihren Heiland wie an ihre leidenden Brüder und Schwestern zu denken.«[7]

Die Struktur der Herrnhuter Mission ist als eine strenge Hierarchie charakterisierbar. Richtungsweisend für Organisation und Führungsstil in Bethesda sind der protestantische Lepraverein in Surinam und die Herrnhuter Missionsdirektion. Die Diakonissen stehen innerhalb dieser Hierarchie nicht gleichberechtigt neben dem Missionar, sondern sind dessen Autorität unterstellt. Dies ergibt sich sowohl aus der Einschätzung der körperlichen Arbeit der Frauen als weniger hochwertig, als auch aus der Organisationsstruktur des Asyls, die dem Missionar die alleinige Entscheidungsgewalt in die Hand gibt. Gegenüber den Insassen des Asyls erscheinen die Missionare wie auch die Diakonissen allerdings gleichermaßen als Übergeordnete, deren Anweisungen sie sich zu fügen haben.

Diese eindeutig dominierende Position der Missionierenden in der alltäglichen Organisation wird aber durch die religiöse Wertung der Missionsarbeit als »Dienst« an den Bedürftigen gebrochen. Die MissionsarbeiterInnen erfahren dabei eine Stilisierung als Dienende und damit Untergebene der Insassen. Diese für die Mission und die christliche Armen- und Krankenpflege allgemein gültige Sichtweise verstärkt sich durch die biblische Konotation der »Aussätzigen« als »Unreine«, die durch Jesus Heilung finden.

Die eigene Erniedrigung im Dienst der Kranken ist gleichzeitig ein Dienst für Christus selbst. Das stellt in den Augen der Missionierenden wieder eine Erhöhung ihrer Arbeit dar, die sie als Dienende ein Stück weiter in Christi Nähe rückt. Durch ihre Aufopferung in der Lepramission konstruieren sie ihren eigenen Lebenslauf als Parallele zum Leben Christi und werden damit den protestantischen und besonders den Herrnhuter Vorstellungen von gottgefälliger Lebensführung, von einem »Leben in Christo«, in höchstem Maße gerecht.

Die missionarische Interpretation ihrer Arbeit leugnet also das tatsächliche Machtgefälle, indem sie es auf ideologischer Ebene umkehrt. Darüber hinaus impliziert die gedachte Erniedrigung eine weitere Erhöhung, da sie die Missionierenden im Sinne der protestantischen Programmatik in die Nähe Gottes rückt.

De facto besetzen aber, wie gesagt, der Missionar-Direktor – und aus der Sicht der Insassen ebenso die Diakonissen – die leitenden Positionen und haben damit Entscheidungsgewalt. Sie bestimmen die Regeln, verhängen Strafen über Insassen, die sich den Vorschriften nicht fügen, und entscheiden, wer in der Anstalt bleiben kann und wer zwangsweise ins Asyl der Kolonialregierung gebracht wird. Sie sind diejenigen, die die Ordnung im Asyl bestimmen und aufrechterhalten. Die Missionsberichte stilisieren das Asyl dagegen zu einem Verbund von Familien mit dem Missionar als gemeinsamem Vater und Familienoberhaupt.

»Bethesda trägt noch nicht den Stempel eines Asyls im Sinne einer Anstalt. Die Einwohner des kleinen Dörfchens bilden vielmehr eine Familie. (...). Und so bewegt sich denn auch das tägliche Leben auf Bethesda nach einem ungeschriebenen Gesetz, dessen Fundament Liebe und unbedingtes gegenseitiges Vertrauen ist.«[8]

Der Anspruch des familiären Zusammenlebens, wie ihn hier das Herrnhuter Direktionsmitglied Theodor Bechler formuliert, hat die Unterwerfung unter eine patriarchalische Familienstruktur zur Voraussetzung. Diese spricht dem Missionar als Vater das »natürliche« Recht zu, als Familienoberhaupt die Entscheidungsgewalt in allen Dingen zu beanspruchen. In der »Äußeren Mission« haben die Herrnhuter zwar den Anspruch, die neu gewonnen Gemeinemitglieder als »Brüder« und »Schwestern« zu sehen, aber in der Praxis verschiebt sich das Verhältnis dahingehend, daß der Missionar sich zumindest als »älterer Bruder« oder Vater sieht.[9]

Das Mutter-Kind-Verhältnis, das die Mission in der Beziehung zwischen Diakonissen und Insassen sehen will, wird dadurch verstärkt, daß einzelnen Schwestern immer eine bestimmte Gruppe von Insassen zur Betreuung zugeordnet wird:[10] Es ist den Kranken nicht möglich, selbst eine Schwester auszuwählen, und sie sind deshalb auf das Wohlwollen »ihrer Schwester« angewiesen.

Zur Kinderrolle der Insassen gehört auch die Dankbarkeit gegenüber den Missionierenden als »Eltern« im Gegenzug für deren Fürsorge. Eine ebenso wichtige Forderung, die sich aus dem Bild der patriarchalen Familienordnung ableiten läßt, ist der Gehorsam. Im Gegensatz zu anderen totalen Institutionen wollen die Missionierenden Zucht und Ordnung nicht in erster Linie durch Androhung von Strafe erreichen. Sie setzen Gehorsam vielmehr als selbstverständlich voraus. Für ihre Liebe und Zuwendung erwarten sie von den Insassen, daß diese sich aus eigenem Antrieb den Anstaltsregeln anpassen.

Die patriarchale Familie kann als die häusliche Ausformung der Prinzipien gelten, nach denen die europäische Gesellschaft funktioniert. Nach Birgit Rommelspacher ist die Kultur der kapitalistischen westlichen Welt eine »Dominanzkultur«, welche Konflikte durch Hierarchisierung und Unterwerfung löst. »Dabei unterstützen sich gegenseitig die christlich[e] Tradition, ein expansives Wirtschaftssystem und das Herrschaftsverhältnis zwischen Männern und Frauen.«[11] Dieses Denken ist aber sowohl von Männern als auch von Frauen verinnerlicht, weil beide lernen, Konflikte qua Hierarchisierung zu lösen. Die Frauen tragen die untergeordnete Position, die ihnen in ihrer eigenen Kultur zugewiesen wird, selbst mit. Sie stehen diesem System loyal gegenüber und identifizieren sich mit ihrer Rolle. Für die Diakonissen heißt das, daß sie ihre Aufgabenzuweisung als Dienende internalisiert haben, das heißt auch die Unterordnung unter den Missionar als anstaltsleitende Vaterfigur. Dieser Auffassung entspricht das protestantisch-herrnhutische Weltbild, nach welchem alle Christen ihr Leben als Sinnbild für ihre Unterordnung unter die göttliche Vorsehung den gegebenen Autoritäten zu unterwerfen haben. Wenn sie selbst im Verhältnis zum Missionar Untergebene sind und gleichzeitig an kolonialer, ethnozentrischer Unterdrückung teilhaben und von ihr profitieren, läßt sich ihr Verhalten gegenüber den Kolonisierten nicht einfach als das Weitergeben der eigenen Diskriminierung an Schwächere deuten. Vielmehr existiert neben ihrer Identität als Frau auch eine weiße, europäische Identität, die neben anderem (wie zum Beispiel Klassenzugehörigkeit) das Verhalten bestimmt. Ebensowenig wie ihre eigene Unterordnung als Frauen hinterfragen die Diakonissen die Hierarchie in Bethesda, die sich auch aus der Minderbewertung anderer Ethnien ergibt.[12]

Zwischen den Vorstellungen der protestantischen Mission über die Grundregeln des Verhaltens, die das Leben in Bethesda bestimmen sollen, und dem tatsächlichen Alltag, lassen sich deutliche Diskrepanzen feststellen. Vor diesem Hintergrund sollen nun diejenigen Praktiken betrachtet werden, mit denen die einzelnen Diakonissen innerhalb der Strukturen der protestantischen Lepramission agieren. Hierbei ist Michel de Certeaus Unterscheidung zwischen »Strategien« und »Taktiken« hilfreich. Als Taktiken sollen also die Möglichkeiten begriffen werden, innerhalb der Gesetze einer fremden Gewalt die Lücken der Überwachungsstrategien zu nutzen, um sich zeitlich und räumlich begrenzte Handlungsspielräume zu verschaffen.

Die Möglichkeit, als Diakonisse in die »Äußere Mission« zu gehen, erscheint zunächst einmal als Chance. Die Schwestern können in Kontinente reisen, die für sie normalerweise niemals zu erreichen gewesen wären. Diese Tatsache ist sicher mit ausschlaggebend für die Entscheidung zum Missionsdienst in Übersee. Und da deutsche oder holländische Diakonissen nur ganz vereinzelt in den Kolonien arbeiten, verschafft ihnen diese Tätigkeit mehr Anerkennung als den »dienenden« Frauen in europäischen Pflegeeinrichtungen.

Dennoch finden sich unter den ungefähr 25 Diakonissen, die in den ersten dreißig Jahren des Bestehens von Bethesda im Asyl arbeiten, nur drei, deren Arbeit sich auf einen Zeitraum von mehr als zehn Jahren erstreckt. Die meisten von ihnen bleiben nur drei bis sechs Jahre. Der häufige Wechsel der Diakonissen gibt einen Anhaltspunkt dafür, daß die Arbeit in Bethesda nicht immer reibungs- und problemlos abläuft. Vordergründig sind zuerst einmal Krankheiten die Ursache für das frühzeitige Ausscheiden aus dem Missionsdienst. Die erste Diakonisse Bethesdas, Lina Perchner, stirbt bereits nach weniger als einem Jahr an einer Bauchfellentzündung. Eine andere Schwester verläßt die Mission wegen ständiger Kopfschmerzen. Schwester Anna Karkling kehrt 1912 nach Deutschland zurück, weil sie an Lungentuberkulose leidet, die dort nach einigen Monaten zu ihrem Tod führt.

Noch häufiger wird von psychischen Erkrankungen berichtet, die unter Diakonissen anscheinend ein grundsätzliches Problem darstellen. Eine Schwester wird in Surinam in eine Nervenanstalt eingewisen:

»Leider erkrankte im November Schwester Maria Kokal an ihren Nerven, so daß wir gezwungen waren, sie zur Pflege in die Stadt zu senden. Bis heute ist ihr Zustand leider noch nicht gebessert, und es scheint ein Wiedereintritt in die Arbeit ganz ausgeschlossen zu sein.«[13]

Auch zahlreiche andere Schwestern sind der Belastung durch die Arbeit psychisch nicht gewachsen. Missionar Saul schreibt zum Beispiel 1926 an die Missionsdirektion:

»Unserer l. Schw. Mathilde geht es nicht gut, da sie mit den Nerven sehr herunter ist. Es empfiehlt sich, sie aus der Arbeit zu nehmen.«[14]

Von den männlichen Missionaren ist hingegen kein einziger vergleichbarer Fall bekannt. Es erscheint naheliegend, daß hier ein Zusammenhang zwischen den Erkrankungen und der geschlechtsspezifischen Arbeitsteilung besteht. Während der Missionar in der Wahl der Arbeit und ihrer Zeiteinteilung durch seine Funktion als Organisator und Direktor einen gewissen Spielraum hat, bestehen für die Schwestern nur wenige Möglichkeiten, sich innerhalb der Anstalt Freiräume zu schaffen.

Regina Schaps erklärt die Verbindung zwischen dem (Selbst-)Verständnis der Frau und den zunehmenden Fällen von »Hysterie« im 19. Jahrhundert aus der Entwicklung der bürgerlichen Kleinfamilie. Demnach reduziert die Polarisierung der Geschlechter die bürgerliche Frau auf den Mutterkult. Vor dem Hintergrund dieser beschränkten Verhaltensspielräume interpretiert Schaps Krankheit und besonders Hysterie oder Nervenerkrankungen als »die einzig zugestandene Möglichkeit und auch Ausdrucksform, um seelische Konflikte auszudrücken und darzustellen«.[15] Durch die Nervenkrankheit bleibt die Verweigerung der Diakonissen auf der unbewußten Ebene, wodurch sie weder vor den Erwartungen der Diakonissen an sich selbst noch vor ihrer Umwelt gerechtfertigt werden muß.

Es wäre jedoch zynisch, die Erkrankungen der Schwestern allein als unbewußten Widerstand zu interpretieren. Ihre Arbeit, die Pflege von vielfach schwer körperlich Kranken und psychisch Angegriffenen ist weitaus härter als die der Missionare. Darüber hinaus führt das feucht-heiße tropische Klima vor allem bei Europäern häufig zu Erkrankungen. Tatsächlich ist die berufliche Beanspruchung der Diakonissen so hoch, daß sie dauernde Erschöpfung zur Folge hat und die Schwestern vielfach nach zehn bis fünfzehn Jahren arbeitsunfähig oder invalide sind.[16]

Auch wenn Krankheit eine häufige Reaktion der Diakonissen auf die Anforderungen ihres Berufs ist, ist sie nicht der einzige Grund, das Asyl zu verlassen. Mehrere Diakonissen scheiden aus dem Missionsdienst aus, um zu heiraten. In den Kolonien leben viele europäische Kaufleute und vergleichsweise wenige weiße Frauen. Dadurch sind die Chancen für die dort lebenden Europäerinnen hoch, einen wohlhabenden Mann zu finden und so sozial aufzusteigen.

Außer den gesellschaftlich und bis zu einem gewissen Grad auch von der Brüdergemeine akzeptierten Gründen, aus denen die Frauen ihr Leben als Diakonisse aufgeben, ist ein Fall nachweisbar, in dem eine Diakonisse aufgrund ihres Beitritts zu einer Baptistengemeinde aus der Brüderunität ausgeschlossen wurde. Die religiöse Motivation, die den Hauptantrieb für die Arbeit als Diakonisse darstellt, wendet sich hier gegen die Intentionen der Mission.

Die Verhaltensweisen und Taktiken der Diakonissen, die eine Verbesserung der eigenen Lebenssituation zum Ziel haben, beschränken sich nicht auf die verschiedenen Möglichkeiten, außerhalb des Diakonissendienstes ein neues Umfeld zu finden. Auch in Bethesda selbst gibt es Frauen, die die Gelegenheiten nutzen, ihren Aufgabenbereich zu erweitern und eine Position zu erreichen, die vertraglich dem Missionar vorbehalten ist. Die Diakonisse Philippine Stuhlfauth arbeitet insgesamt 23 Jahre in Bethesda und erringt als »Dienstälteste« eine Kompetenz, welche die der im Lauf der Jahre mehrmals wechselnden Missionare weit übersteigt:

»Von selbst bildete sich das Verhältnis heraus, das – objektiv geredet – nicht gut war: die eine Schwester, aus der dann seit Br. Schmitts Besuch hier sogar ›Oberschwester‹ wurde, leitete tatsächlich die Anstalt. Zum Teil war es das Gegebene. Aber was ich bedaure, ist, das Br. Clausen – sachlich geredet – sehr gern die mühevolle Arbeit der Anstaltsleitung mit der immerwährenden Kontrolle, der vielen anderen Kleinarbeit der Schwester ›Pine‹ überließ, die selbstredend die Situation beherrschte.«[17]

Die Diakonisse reagiert auf die schwierige Situation im Asyl mit einer Übererfüllung ihrer Aufgaben. Sie nutzt so aber auch die nachlässige Haltung oder auch partielle Unfähigkeit des Missionars dazu, die eigene Stellung im Asyl stärker auszubauen und dadurch einen höheren Status zu erlangen. In dieser Position erhält sie von der Königin Wilhelmina von Holland sogar die goldene Medaille vom Oranje-Nassau-Orden. Diese Auszeichnung hebt sie aus der unsichtbaren Zuarbeit heraus und würdigt ihre Tätigkeit als eigenständige Leistung.

Für Nelly de Borst ist Bethesda eher eine Durchgangsstation ihrer Karriere. Sie nutzt die Missionsarbeit, um eine Ausbildung als Krankenschwester zu machen und beruflich eigene Ziele anzustreben und durchzusetzen. Schließlich erhält sie den Posten der Anstaltsleiterin einer Poliklinik in Surinam. Eine solche Position kann sie als Frau nur durch außerordentliche Zielstrebigkeit und die schlechte medizinische Versorgungslage in den Kolonien erreichen.

Diese Karrieren sind Ausnahmen; die wenigsten Diakonissen können die Möglichkeiten in der Mission so konsequent nutzen. Sie sind dennoch ein Beispiel dafür, daß sich einige wenige Missionsfrauen schon in den Jahrzehnten, bevor sich die Frauenmission in Deutschland durchsetzt, nicht ausschließlich auf ihre Aufgabe als »Gehilfinnen« in untergeordneten Positionen beschränken wollen. Sie erschließen sich durch ihre Arbeit berufliche Aufgabenfelder, die außerhalb des Bereichs der »Äußeren Mission« für Frauen nahezu unzugänglich sind, ohne deshalb grundsätzlich gegen die deutschen protestantischen Vorstellungen von weiblichen Verhaltensnormen verstoßen zu müssen.

Die Bestrebungen der einzelnen Diakonissen, sich innerhalb des Asyls eine bessere Position zu erarbeiten, lösen aber auch einen Konkurrenzkampf zwischen den Schwestern aus, der nicht selten mit der freiwilligen oder unfreiwilligen Heimreise einer der Diakonissen endet: »Schwester Nelly de Borst schrieb uns schon von den andauernden Spannungen, und daß sie es bald nicht mehr aushalten und nötigenfalls den Antrag an die Leitung von Bethesda stellen wollten, Schwester Rosina zurückzusenden (...) dort draußen zerreiben sich unsre Schwestern in den schwierigen Verhältnissen, und eine nach der andern kommt verbittert aus Bethesda zurück.«[18]

Doch nicht nur in den Beziehungen der Diakonissen untereinander, sondern auch im Verhältnis der Schwestern zu den Insassen gibt es Verhaltensweisen, die der Missionsdirektion mißfallen. Die teilweise enge Beziehung der Diakonissen zu den Patienten stärkt die Position der Schwestern in der ihr anvertrauten Gruppe und damit gegenüber den anderen Diakonissen. Sie ergibt sich aber auch aus der Isolation des Asyls, in dem außer den anderen Schwestern und dem Missionarsehepaar nur selten Gäste oder eine Reise in die Stadt Möglichkeiten für Kontakte bieten. In dieser Situation entsteht eine intensivere Beziehung zu den Insassen, als dies in einer Umgebung der Fall wäre, in der die Diakonissen nur ihre Arbeitszeit im Asyl verbrächten und außerhalb der Anstalt noch soziale Kontakte hätten.

»Einige Schwestern hatten ihre ausgesprochenen Lieblinge, mit denen sie sehr unvorsichtig umsprangen. Zu späten Abendstunden gehört ohne zwingenden Grund keine *Diaconisse* in das Zimmer der Kranken. (...) hätte man Mut zum Handeln gehabt, dann wäre die eine oder andere Schwester nach Europa zurückgekehrt.«[19]

Die berufliche Situation der Diakonissen in Bethesda ist also eingebunden in ein kompliziertes System von sich gegenseitig verstärkenden, aber auch widersprechenden Hierarchien und Machtbeziehungen, die allesamt im Kontext der europäischen Dominanzkultur zu sehen sind. Zum einen läßt sich eine patriarchale Hierarchie für die Organisationsform Bethesdas nachweisen, die durch die Lage des Asyls in einer Kolonie durch die kulturgradualistische Einstellung der Europäer wie auch der Europäerinnen gegenüber den Insassen verschärft wird. Dazu kommt im Zuge der Entwicklung des Bürgertums eine zunehmende Trennung von männlichen und weiblichen Räumen, die in sich wiederum durch ein Machtgefälle gekennzeichnet ist. In diese Struktur ist die christliche Weltanschauung eingebunden. Sie verstärkt zum einen die polarisierte Aufgabenteilung zwischen Männern und Frauen wie auch die unterschiedlichen Wertungen, die den verschiedenen männlichen und weiblichen Arbeiten beigemessen werden. Zum anderen trägt sie dazu bei, die realen Machtverhältnisse auf der ideologischen Ebene umzukehren. So wird die Missionsarbeit zum Dienst, eine Selbsterniedrigung, die wiederum in der religiösen Logik zu einer Erhöhung der Dienenden vor Gott beiträgt.

Für die Situation der Diakonissen bedeutet dies, daß sie an der Macht, der sie sich unterwerfen, zugleich teilhaben. Es ist nicht übertrieben zu sagen, daß sie mit der körperlich harten und gesundheitsgefährdenden Arbeit ihr Leben der Mission opfern. Sie sind Untergebene des Missionars und verstehen sich gleichzeitig als Dienende für die AnstaltsbewohnerInnen. Dadurch werden sie aber auch zu einem Teil der Macht und erringen eine Position, die sie gegenüber den Insassen gerade durch ihre Selbstverleugnung erhöht.

Mein Versuch, das komplizierte Gewebe von Machtbeziehungen darzustellen, und die Art und Weise, wie unterschiedliche Komponenten der Macht miteinander zusammenhängen, kann aber nicht absolut gesetzt werden. Denn im Alltag der Diakonissen finden sich zahlreiche

Verhaltensweisen oder Taktiken, welche das komplexe Machtsystem benutzen, zeitweilig verändern oder unterlaufen.

Meine abschließende These lautet in Anlehnung an Michel Foucault, daß die Stabilität der Macht nicht allein durch die absolute Kontrolle seitens der Herrschenden entsteht, sondern gerade durch das Zusammenspiel unterschiedlicher Beziehungen von Individuen oder Gruppen und ihrer Verhaltensweisen, welche die Strukturen immer neu produzieren. Die Unterdrückung von Frauen ist dann auch nicht allein die Tat von Männern gegen Frauen, sondern ist verankert in den gesellschaftlichen Werten und Lebensvorstellungen, die von Männern und Frauen getragen werden. Die Frage von Macht und Arbeit von Frauen läßt sich demnach nicht durch ein eindimensionales Hierarchiemodell klären. Hier wirken zahlreiche unterschiedliche Muster, Machtkonstellationen und Interessen zusammen. Ganz grob lassen sich hier die Bereiche Klasse, Geschlecht und ethnische Zugehörigkeit unterscheiden, aber auch Religionszugehörigkeit und die Lebensbereiche Stadt/Land spielen eine wichtige Rolle. Durch diese unterschiedlichen Aspekte der eigenen Identität ist erklärbar, warum die Diakonissen durch ihre Arbeit gleichzeitig aufgewertet und ausgebeutet werden, sowohl in Hierarchien eingebunden sind als auch Macht ausüben, und wieso sie ihre Arbeit zwar als erstrebenswerte Aufgabe auffassen, aber dennoch versuchen, innerhalb des gesetzten Rahmens ihre Einschränkungen und Zurücksetzungen zu unterlaufen beziehungsweise zu umgehen.

Literatur

Bechler, Theodor: Dienende Liebe. Missions- und Diakonissenarbeit auf einer Aussätzigenstation. Herrnhut 1901.

Bischoff, Claudia : Frauen in der Krankenpflege. Zur Entwicklung von Frauenrolle und Frauenberufstätigkeit im 19. und 20. Jahrhundert. Frankfurt a.M., New York 1984.

Hausen, Karin: Die Polarisierung der »Geschlechtscharaktere« – Eine Spiegelung der Dissoziation von Erwerbs- und Familienleben. In: Werner Conze (Hrsg.): Sozialgeschichte der Familie in der Neuzeit Europas. Stuttgart 1976, Seite 363–393.

Kalpaka, Annita / Räthze, Noral: Wirkungsweisen von Rassismus und Ethnozentrismus. In: Dies. (Hrsg.): Die Schwierigkeit, nicht rassistisch zu sein. Leer 1990, Seite 12–80.

Roller, Franziska: Hilfe als Herrschaft? Über den Umgang mit Kranken in einer protestantischen Missionsanstalt. Tübingen 1995.

Rommelspacher, Birgit : Frauen in der Dominanzkultur. Unveröffentlichter Aufsatz, 1991.

Schaps, Regina: Hysterie und Weiblichkeit. Wissenschaftsmythen über die Frau. Frankfurt a.M., New York 1982.

Barbara Guttmann

Frauen in der Komunalpolitik (1945 bis 1955)

Das Beispiel Karlsruhe

Im Rahmen der historischen Erforschung der politischen Partizipation von Frauen kommt der Kommunalpolitik ein wichtiger Stellenwert zu, stellt sie doch den Bereich der Politik dar, der Frauen am frühesten zugänglich war und damit das Politikfeld, auf dem Frauen die längste historische Erfahrung und eine eigene politische Tradition besitzen.

Bereits vor Erlangung der politischen Gleichberechtigung 1918 konnten sich Frauen Möglichkeiten der Mitarbeit in den Gremien städtischer Verwaltungen erschließen, und bis heute ist der Parlamentarierinnen-Anteil auf kommunaler Ebene am höchsten.

Die Akteurinnen der bürgerlichen und der sozialistischen Frauenbewegung des Kaiserreichs sahen die konkrete Arbeit in den Gemeinden als Feld weiblicher politischer Bewährung. Während jedoch die Sozialistinnen und die Frauen der radikalen Stimmrechtsbewegung auf die Erlangung der vollen politischen Gleichberechtigung beharrten, waren Reformistinnen und gemäßigte bürgerliche Stimmrechtskämpferinnen im Sinne eines »Hineinwachsens« in die Zukunftsgesellschaft zu Konzessionen bereit und forderten zunächst nur das Kommunalwahlrecht.

Dies lag auch an ihrem Selbstverständnis, das Helene Lange folgendermaßen formulierte: »Wie der Mann als Staatsangehöriger für Erhaltung, Förderung und Verteidigung seines Landes eintreten muß, so hat die Frau als Staatsangehörige für Behagen, Ordnung und Ausschmückung im Staate Sorge zu tragen.«[1]

Trotz Ablehnung explizit emanzipatorischer Forderungen verschafften sich die kommunalpolitisch aktiven Frauen des Kaiserreichs in Baden Zugang zu politisch-gesellschaftlichen Entscheidungsstrukturen, wie im Rahmen des Forschungsprojektes »Karlsruher Frauen 1715–1945 nachgewiesen werden konnte.[2]

Den Schritt in die gesellschaftlich-politische Öffentlichkeit vollzogen die Akteurinnen der regionalen Frauenbewegung, indem sie die in der privaten Sphäre geübten sozialpflegerischen Tätigkeiten zu einer öffentlichen Sache umformten. Dabei entwickelten sie ein anderes als das männliche Politikkonzept.

Entgegen den programmatischen Abgrenzungen, die die Parteipolitik sowie auch die Politik der in das bürgerliche und sozialistische Lager gespaltenen Frauenbewegung auf Reichsebene bestimmten, saßen Frauen der BDF-Verbände, Sozialdemokratinnen und Mitglieder des konservativ-bürgerlichen Badischen Frauenvereins in erstaunlicher Eintracht in den städtischen Sozialkommissionen Karlsruhes und dies bereits etliche Jahre vor Erlangung des Wahlrechts. Nicht politische Richtungen bestimmten den Ort der Frauen, sondern ihre Verortung in den jeweiligen kommunal- und fürsorgepolitischen Netzwerken.

Etliche der von Birgit Meyer[3] erfaßten Kriterien eines über Institutionen hinausgehenden Poltikverständnisses der Neuen Frauenbewegung lassen sich durchaus für die kommunalpolitische Tätigkeit Karlsruher Frauen im Kaiserreich und der Weimarer Republik nachweisen, so zum Beispiel:

- Flexibilität versus Rigidität in der Artikulation politischer Positionen,
- kommunikatives versus strategisches Machtverständnis,
- prozeßorientiertes versus zielorientiertes Denken,
- kooperatives versus konkurrentes Verhalten,
- Alltagswissen versus Expertentum,
- Kontextberücksichtigung versus Prinzipienorientierung,
- Querdenken, Vernetzen versus Ressortdenken.

Diese kommunalpolitische Praxis der Alten Frauenbewegung wurde durch die nationalsozialistische Machtergreifung unterbrochen.

Anliegen eines Forschungsvorhabens, das ich seit einigen Monaten verfolge und das ich im folgenden vorstellen möchte, ist es nun, zu untersuchen, inwieweit eine Anknüpfung an die Erfahrungen und eine Weiterentwicklung der politischen Praxis von Frauen nach 1945 gelang oder ob zwölf Jahre Nationalsozialismus einen totalen Bruch herbeigeführt hatten.[4]

Bevor Fragestellungen, Hypothesen und methodisches Vorgehen dieses Projektes näher erläutert werden, soll jedoch zunächst ein kurzer, zusammenfassender Überblick zum gegenwärtigen Forschungsstand erfolgen.

Die Geschichte der Beteiligung von Frauen am Wiederaufbau nach 1945 kann noch immer als ein Desiderat der historischen Forschung bezeichnet werden. Zwar erschienen Anfang der achziger Jahre eine Fülle von dokumentarischen Veröffentlichungen zum Alltagsleben in der Nachkriegszeit, doch gingen diese über die reine Dokumentation kaum hinaus. Seit Mitte der achziger Jahre bemühten sich dann eine Reihe von Studien um eine wissenschaftlich kritisch Interpretation der Erfahrungen von Frauen im Nachkriegsdeutschland.[5] Dabei standen auch hier meist die Lebens- und Arbeitsbedingungen von Frauen im Mittelpunkt des Forschungsinteresses.

Forschungsdefizite hinsichtlich der Politikbeteiligung von Frauen sind nicht alleine in der etablierten Politikwissenschaft, sondern auch im Bereich der Frauenforschung auszumachen und dürften auf eine Haltung zurückzuführen sein, der, gemäß der Devise der Neuen Frauenbewegung »Das Private ist politisch«, Partizipationsforschung in den Verdacht geriet, über einen kompensatorischen Ansatz nicht hinauszugelangen und das Agieren von Männern als Maßstab zu setzen. Die wenigen Untersuchungen, die Frauen als politisch Handelnde in den Mittelpunkt stellten, bezogen sich meist auf Akteurinnen der überregionalen Politik, die »Mütter des Grundgesetzes«. Eine Ausnahme bildete ein 1985 veröffentlichter Beitrag zu Frauen in der Kommunalpolitik der frühen Nachkriegszeit am Beispiel der Stadt Unna, der sich jedoch in erster Linie auf die Politik der SPD konzentrierte.[6]

Um der Gefahr vorschneller, verallgemeinernder Schlüsse vorzubeugen, sind jedoch eine Fülle von Regionalstudien notwendig, die eine vergleichende Betrachtung der unterschiedlichen Praxen ermöglichen. Erste Ergebnisse zu lokalen politischen Frauenzusammenschlüssen wurden bislang für Bremen, Hamburg-Harburg, Hannover und Stuttgart vorgelegt.[7] Als einigermaßen erforscht kann bislang lediglich die Geschichte von Frauen in der Nachkriegszeit in Berlin[8], in Hamburg[9] und Bremen[10] gelten. Eine Reihe der in den letzten Jahren veröffentlichten Frauen-Stadtgeschichten widmen sich nun ebenfalls dem Leben der Frauen in der Nachkriegszeit, teils ausschließlich, teils in Unterkapiteln einer epochenübergreifenden Darstellung.[11] Die Qualität dieser Arbeiten ist sehr unterschiedlich, manchmal kommen sie über einen rein kompensatorischen Ansatz nicht hinaus.

Forschungsarbeiten zur Nachkriegsgeschichte von Frauen in Südwestdeutschland fehlen, mit Ausnahme einer Untersuchung zum Stuttgarter Frauenausschuß,[12] bislang gänzlich.[13] Eine Veröffentlichung zur Situation in Mannheim 1945–1949 widmete der Situation von Frauen ganze neun Seiten (von 176).[14] Einige baden-württembergische Städte führten, oft initiiert von den Frauenbeauftragten, in den letzten Jahren Ausstellungen zum Thema »Frauen in der Nachkriegszeit« durch. Hier wäre vor allem Heilbronn mit dem von Glaunig und Petzold erstellten Katalog zu nennen,[15] andere sind im Bereich der »grauen Literatur« dokumentiert. Im Mittelpunkt dieser Ausstellungen und Veröffentlichungen steht meist der Alltag von Frauen (»Trümmerfrauen«), die weibliche Politikbeteiligung findet nur am Rande mit dem Hinweis auf vielfälltige Verhinderungen Erwähnung.

Der Frauenpolitik in Hessen von 1945 bis 1955 widmet sich eine 1993 im Rahmen eines Forschungsprojektes der Universität Frankfurt veröffentlichte Untersuchung.[16] Vor dem Hintergrund der allgemeinen politischen und landesgeschichtlichen Entwicklung wird hier das Wirken von Frauen in der Kommunalpolitik beleuchtet. Die Frage nach den Verbindungslinien der Akteurinnen zur alten Frauenbewegung wird jedoch, wohl in Ermangelung an Vorstudien zur Frauenbewegung in Hessen vor 1933, im Hinblick auf die deutsche Frauenbewegung insgesamt untersucht. Dabei gerät die regionale Spezifik etwas aus dem Blickfeld.

Die Einschätzung der politischen Aktivitäten von Frauen nach 1945 differiert in der bisherigen Forschung. Während erste sozialhistorische, biographische und politikwissenschaftliche Befunde die ersten Jahre nach 1945 als »frauenpolitischen Aufbruch« bewerteten,[17] machte sich in anderen Arbeiten die Ernüchterung breit, daß Frauen ihre Chance zur politischen Einmischung vertan haben,[18] oder aber, daß Frauen an einer Teilhabe an der politischen Machtausübung gehindert wurden. Eine dritte Variante führt an, daß Frauen nach kräfteerschöpfender Überlebensarbeit nichts anderes übrig blieb, als in oder durch Familie zu wirken. Ute Frevert prägte hierfür den Begriff »Refamilialisierung als Form weiblicher Politik«.[19] Sigrid Metz-Göckel sieht in Anlehnung an diese Einschätzung den innerfamilialen Bedeutungszuwachs der Mutter, die Erfahrung der »Frauennotgemeinschaft« als Potential für eine Politisierung der Töchter[20] – ein Aspekt, der im Hinblick auf die Veränderungen im Verhältnis Frauen und Politik seit den achziger Jahren sicherlich im Blick zu halten ist.

Meines Erachtens sind für den Untersuchungszeitraum alle genannten Erscheinungen zu konstatieren und wird das Beharren auf der Wirkungsmächtigkeit nur einer dieser Einschätzungen der Realität, dem politischen Handeln von Frauen nach 1945 nicht gerecht.

Um die Vielfalt und Komplexität weiblichen politischen Handelns zu erfassen, ist zunächst eine Rekonstruktion der Ereignisgeschichte unumgänglich. Dabei gehe ich von einem umfassenden, über Institutionen hinausgehenden Politikbegriff aus. Politisches Handeln beschränkt sich nicht auf Parteimitgliedschaften, Wahlbeteiligung, Teilnahme an politischen Versammlungen oder die Wahrnehmung partei- und kommunalpolitischer Ämter, vielmehr wird darunter ein umfassendes Engagement der Bürgerinnen an sozialen Prozessen verstanden.

Das Wirken von Frauen und ihren Verbänden beim demokratischen Neubeginn ist in Karlsruhe – wie vielerorts – bislang nicht dokumentiert. Da die üblicherweise zur Rekonstruktion politischer Ereignisse heranzuziehenden Quellen, wie zum Beispiel Akten der städtischen Verwaltung oder Tageszeitungen, aus dem Blickwinkel einer männlich orientierten Politik entstanden sind, tauchen Frauen hier meist, wenn überhaupt, nur am Rande auf. So bleibt die Frage, ob in Karlsruhe nach 1945, um mit Annette Kuhn zu sprechen,[21] von einer »massenhaften« frauenpolitischen Öffentlichkeit die Rede sein kann, bislang noch unbeantwortet. Erste Hinweise führen zum Beispiel zu einer »Karlsruher Frauengruppe«, bei der es sich vermutlich um eine den in anderen Städten gegründeten überparteilichen Frauenausschüssen vergleichbare Organisation handelte. Die Akteurinnen sowie die Tätigkeit des Zusammenschlusses blieben bislang im Dunkel der Lokalgeschichte. Lücken werden nur durch den Rückgriff auf Privat- und Verbandsarchive sowie Befragungen von Zeitzeuginnen zu schließen sein.

Um zu einer Einschätzung der politischen Aktivitäten von Frauen nach 1945 zu gelangen, kann es jedoch nicht bei einer isolierten Betrachtung der zeitlichen Phänomene bleiben. Das Ende der nationalsozialistischen Herrschaft ist keineswegs als »Stunde null« oder »Neubeginn« zu betrachten. Es ist vielmehr zu fragen, an welche Traditionen die agierenden Frauen anknüpften. Die Frage, was haben diese Frauen während des Nationalsozialismus gemacht, und was hat der Nationalsozialismus mit ihnen gemacht, scheint mir als ein Schlüssel zum Verständnis ihres Handelns. Hier haben wir den Vorteil, für Karlsruhe bereits Forschungsergebnisse für die Zeit bis 1945 vorliegen zu haben. Damit kann die lokale Nachkriegsgeschichte in einen direkten Bezug zur lokalen Vorkriegsgeschichte gesetzt werden, kann die politische Praxis von Frauen im Hinblick auf Kontinuitäten und Brüche beleuchtet werden.

So ist die Frage zu stellen, welcher Frauengeneration die politischen Akteurinnen nach 1945 angehörten. Dürften sich doch Erfahrungen, Lebenswege sowie Frauen(selbst)bilder stark unterscheiden. Alleine die bereits vor 1933 in der Frauenbewegung aktiven Frauen (vor und um 1900 Geborene), aus deren Reihen meist die Akteurinnen der ersten Zeit des Wiederaufbaus kamen, konnten an Erfahrungen kommunalpolitischer Arbeit anknüpfen. Ob und wie sie gewonnene Einsichten überlieferten, hing nicht zuletzt von ihren im Dritten Reich gemachten Erfahrungen ab.

Eine »Zwischengeneration« (zirka 1900 bis 1920 geboren) hatte zwar Kindheit und frühe Jugend unter dem Einfluß der Demokratie verbracht, doch wurden erste politische Erfahrungen durch den Nationalsozialismus unterbrochen – oder möglicherweise auch dort fortgesetzt. Sie, die in den Jahren von 1901 bis 1910 Geborenen, stellten in Karlsruhe bis in die sechziger Jahre den größten Anteil der im Kommunalparlament vertretenen Frauen.

Größte Enthaltsamkeit in Bezug auf einen »frauenpolitischen Aufbruch« nach 1945 übte die Generation der jüngeren, um 1920 und später geborenen Frauen, die ihre Sozialisation im Nationalsozialismus erfahren hatten. Auffällig ist eine häufige Betonung ihres »Unpolitisch-Seins«.

Allerdings ist zu fragen, was sie darunter verstanden und inwiefern nicht doch als politisch zu wertende Aktivitäten zu verzeichnen sind im Sinne eines gesellschaftspolitischen Aktivitätspotentials in Bereichen, die sie selbst nicht als politisch bezeichnen würden, die es aber hinsichtlich von gesamtgesellschaftlichen Auswirkungen sind. Sicher spielte aber auch, angesichts der im Dritten Reich gemachten Erfahrungen, eine »Politikmüdigkeit« eine Rolle.

Vor diesem generationsspezifischen Hintergrund ist nach Motivation, Selbstverständnis, Ideologie und politischen Konzepten der Politikerinnen zu fragen. Gab es einen Anspruch auf aktive Mitgestaltung des Wiederaufbaus? War die Politik der Frauen von »moralischer Empörung«[22] geprägt, intendierte sie eine Verbesserung der »bösen« männlichen Welt, die in den Nationalsozialismus geführt hatte, durch »weibliche« Werte?

Und wie sahen schließlich die Frauen selbst die durch den Krieg veränderten Geschlechterverhältnisse?

Der innerfamiliale Machtzuwachs von Frauen infolge des Krieges ist unbestritten und wurde auch in der zeitgenössischen Öffentlichkeit thematisiert. In einem im Auftrag des amerikanischen Armeeministers 1948 erstellten Bericht faßte eine demokratische Kongreßabgeordnete ihre Beobachtungen zur Situation der deutschen Frauen folgendermaßen zusammen: »In the fields, in the rubble, in the factories, it is the women who are and who will have to continue to bear the major part in the reconstruction of Germany [...].« Und sie fährt fort: »[...] psychologically women are better oriented to reconstruction on a democratic basis than are the men. They have no ›face‹ to save.«[23]

Begriffen die Frauen die gewonnene Stärke aber tatsächlich als positiv, und wie sahen sie schließlich die als Verlierer aus dem Krieg heimgekehrten Männer?[24]

Die Vermutung, die zu konstatierende »machtpolitische Bescheidenheit«[25], die politische Selbstbescheidung der Frauen könnte hier ihre Wurzeln haben, liegt nahe. Der reale gesellschaftliche Machtzuwachs, begründet durch die Bedeutung der Frauen im Rahmen der Überlebensarbeit, wurde durch Bescheidenheit kompensiert, um die Männer nicht gänzlich zu demoralisieren. Interviews mit Politikerinnen geben hierfür eine Fülle von Anhaltspunkten.

Ist hier möglicherweise auch eine der Ursachen für die Abstinenz der Frauen hinsichtlich einer Mitarbeit bei der Entnazifizierung zu suchen? Auffällig ist zunächst die Abwesenheit von Frauen in den Organen der Entnazifizierung.[26] Diese mag sich zum einen dadurch erklären, daß die Mitglieder der Ausschüsse von den politischen Parteien benannt wurden, in denen einerseits relativ wenige Frauen mitarbeiteten, andererseits auch traditionelle Rollenklischees der tonangebenden Männer einer Delegierung von Frauen im Wege standen. Einige der bereits vor 1933 in Karlsruhe kommunalpolitisch aktiven Frauen wurden immerhin als Mitglieder der Entnazifizierungsausschüsse benannt. Kunigunde Fischer, SPD, und Elisabeth Großwendt, Demokratische Partei, nahmen dieses Amt jedoch nicht wahr. Kunigunde Fischer führte die Auslastung mit anderweitigen (sozialen) Tätigkeiten ins Feld. Bei Elisabeth Großwendt, die vor 1933 Jugendamtsleiterin war, von den Nazis entlassen und nach Kriegsende nicht wieder eingestellt wurde, mag die Enttäuschung über ihre nicht erfolgte politische Rehabilitierung eine Rolle gespielt haben. Es waren neben objektiven strukturellen Barrieren sicher eine Vielzahl subjektiver, teilweise mit den während des Nationalsozialismus und des Krieges gemachten Erfahrungen verknüpfter Befindlichkeiten, die die Frauen an einer Mitarbeit hinderten. Die Frage, warum gerade sie, die sich selbst als resistent gegen oder zumindest nicht aktiv beteiligt am Nationalsozialismus sahen, keine Rolle in der Entnazifizierung spielten oder vielleicht auch nicht spielen wollten, ist einer der noch zu erforschenden Themenkomplexe hinsichtlich der Rolle von Frauen im Demokratisierungsprozeß nach 1945.

Das Bild von der starken, den Wiederaufbau fleißig, klaglos, bescheiden und brav vorantreibenden Frau, wie es in mancher Darstellung gezeichnet wird, sollte nicht zum Mythos stilisiert werden. Die vielschichtige Realität von Frauen zu erfassen, erfordert ein genaueres Hinsehen. Was verbirgt sich zum Beispiel hinter der Klage des Karlsruher Arbeitsamtsleiters, Frauen und Mädchen seien eine Sorge für die Stadt: »Sie stehen abseits und wollen nicht arbeiten, weil sie angeblich nie der Partei angehört haben. Darum wurde von mir auch die Arbeitspflicht gefordert, wogegen jedoch die Gewerkschaften waren.«[27] Deutet sich hier etwa eine Verweigerungshaltung von Frauen an, eine Verweigerung, die durch den nationalsozialistischen Krieg verursachte Misere wieder auszubügeln? Verbirgt sich hier gar ein Innehalten angesichts des Ausmasses an Zerstörung, oder besteht an diesem Punkt die Gefahr, als Forscherin die eigenen Wunschvorstellungen hinsichtlich des Verhaltens von Frauen in der unmittelbaren Nachkriegszeit der Realität überzustülpen? In Betracht zu ziehen wäre auch, daß es sich hier lediglich um eine frauenfeindliche Äußerung des Arbeitsamtsleiters handelte, die einen realen Hintergrund entbehrte.

An frauenfeindlichen Äußerungen, insbesondere im Zusammenhang mit weiblichen Kontakten zu Besatzungssoldaten, mangelte es in den Verwaltungsberichten jener Jahre jedenfalls nicht. Einiges deutet darauf hin, daß die Männer als Verlierer des Krieges einen Kampf gegen die starken, sie dekonstruierenden Frauen führten, insbesondere dann, wenn diese sich mit dem Sieger verbündeten. Als Beispiel sei hier die Vehemenz angeführt, mit der der Leiter des Karlsruher Bezirksverwaltungsamtes August Furrer, ein ehemaliger Polizeibeamter und SPD-Mitglied, der 1933 mit anderen Sozialdemokraten nach Kislau deportiert worden war, gegen die »Damen der Halbwelt«, gemeint waren mit Soldaten der Besatzungsmacht verkehrende Frauen, vorzugehen wünschte: »Es wäre das Beste, diese Damen zu kennzeichnen und sie zum Schippen einzuteilen.«[28] Dies schien dem Sozialdemokraten zu jenem Zeitpunkt vordringlicher als den Einsatz ehemaliger Nazis bei Aufräumungsarbeiten in den Trümmern der Stadt zu gewährleisten. Diesem umrissenen Themenkomplex beizukommen, stellt sich jedoch auch als ein methodisches Problem dar.

Die zentrale Frage bleibt, warum die Frauen bei Kriegsende trotz ihrer zahlenmäßigen Überlegenheit und ihrer sichtbaren gesellschaftlichen Bedeutung keine Chance hatten, traditionell männlich geprägte Strukturen und Inhalte politischer Öffentlichkeit zu beeinflussen, geschweige denn im Sinne eines weiblichen Entwurfs umzuwandeln.

Die politischen Aktivitäten von Frauen setzten in der unmittelbaren Nachkriegssituation zunächst da an, wo Politik und Alltagsbewältigung zusammenfielen. Die Beschaffung von Wohnraum, Nahrungsmitteln und sämtlichen Dingen des täglichen Bedarfs, die Sicherung des Überlebens waren die vorrangigen Aufgaben der Kommunalpolitik. Hatten hier während und nach dem Ersten Weltkrieg die Frauenverbände mit ihrer Erfahrung und gut ausgebauten Infrastruktur der Verwaltung unterstützend zur Seite gestanden, waren nun diese Strukturen zerstört, die neuen von den Nationalsozialist/inn/en aufgebauten waren zu zerstören. Dennoch waren viele der bereits vor dem Dritten Reich aktiven Frauen wieder zur Stelle, errichteten Wärmstuben, Essensausgaben, Nähstuben u.v.a.m. Sie wirkten aber eher still im Hintergrund, den Schritt in die politischen Entscheidungsgremien taten nur wenige.

Dem von den Amerikanern 1945 ernannten Karlsruher Gemeinderat gehörte keine Frau an.[29] Einzige Frau in dem im Mai 1946 gewählten Gemeinderat war die Sozialdemokratin Kunigunde Fischer (geboren 1882), die bereits 1919 bis 1922 dem Karlsruher Stadtrat und 1919 bis 1933 dem badischen Landtag angehört hatte. 1947 kam Anna Walch (geboren 1887), seit 1918 führend in der katholischen Frauenarbeit und der Sozialfürsorge, für die CDU hinzu. Mit diesen beiden Gemeinderätinnen konnte an die Tradition der lokalen Alten Frauenbewegung angeknüpft werden. Frauen der jüngeren Generation traten in den ersten Nachkriegsjahren auf den Wahlvorschlagslisten kaum in Erscheinung. Von insgesamt 23 Kandidatinnen (auf sieben Listen) zur Gemeinderatswahl 1953 waren fünf vor 1900 geboren, 13 zwischen 1901 und 1920 und fünf nach 1920 (die jüngste 1937). Gewählt wurden, neben der bereits erwähnten Kunigunde Fischer sowie Anna Walch, zwei weitere bereits vor 1933 politisch aktive Frauen, Toni Menzinger, CDU (geboren 1905), Hanne Landgraf, SPD (geboren 1914), sowie eine erst nach 1945 in die politische Öffenlichkeit tretende Frau, die jedoch auch der älteren Generation angehörte: Luise Naumann, CDU (geboren 1901). Bis 1962 wuchs die Zahl der Karlsruher Stadträtinnen auf sieben (von insgesamt 48) an, doch gehörten sie allesamt der Generation der vor 1920 geborenen Frauen an.[30]

Die Zahl der kommunalpolitisch präsenten Frauen blieb auch nach 1945 gering, beschränkte sich jedoch nicht alleine auf die Stadträtinnen. Die Regelung der badischen Gemeindeordnung von 1910, die eine Teilnahme von Frauen mit Sitz und Stimme in den städtischen Sozialkommissionen verbindlich festgelegt hatte, war zwar bereits in der Weimarer Republik weggefallen, doch sahen auch die Gemeindeordnung bis 1933 sowie die Gemeindesatzung von 1946 die Möglichkeit eines Sitzes in den beschließenden und beratenden städtischen Ausschüssen für Personen vor, die nicht dem Stadtrat angehörten. Im Schul- und im Fürsorgeausschuß, im Jugenderholungs- und im Krankenhausausschuß sowie im Wohnungsausschuß saßen sozialpolitisch erfahrene Frauen, die kein Gemeinderatsmandat innehatten.[31] Erst die neue Hauptsatzung der Stadt Karlsruhe von 1956 beschränkte den Kreis der stimmberechtigten Ausschußmitglieder auf Angehörige des Stadtrats.[32] Zugelassen waren noch Träger der freien Wohlfahrtsarbeit, jedoch nur in beratender Funktion.

Damit war die Mitarbeit in beschließenden Gremien der städtischen Sozialfürsorge endgültig an ein Gemeinderatsmandat gebunden, was einer strukturellen Zugangsbeschränkung für Frauen gleichkam, mußte doch nun neben der bislang für dieses Amt qualifizierenden Arbeit im sozialen Bereich, Mitarbeit in einer Partei geleistet sowie die Hürde der Gemeinderatswahl genommen werden. Das war für die meist mit Berufs- und Familienarbeit mehrfach belasteten Frauen ein nicht zu bewältigendes Pensum. Ein weiteres strukturelles Hindernis für eine weibliche Karriere in Parteien bildeten nach wie vor einseitig an Männern orientierte politische Aufstiegsmuster.[33]

Und da die Rekrutierung des politischen Führungspersonals alleine den Parteien obliegt, sind es in erster Linie Barrieren im innerparteilichen Führungsauswahlprozeß, die Frauen an einer politischen Partizipation hindern. So ist zum Beispiel das bekannte Phänomen der Plazierung von Frauen auf den hinteren Listenplätzen auch für die Gemeinderatswahlen in Karlsruhe nach 1945 nachzuweisen. Erst 1965 entschloß sich die SPD mit Hannne Landgraf, die bis zu diesem Zeitpunkt immerhin schon 20 Jahre kommunalpolitisch tätig war, eine Frau auf Platz 2 zu setzen, und dies wohl nur, weil sie mit der bewährten, in Karlsruhe bekannten und beliebten Politikerin kein Risiko einging, sie wurde auf Platz 1 gewählt.[34]

Festzuhalten bleibt, daß in dem Maße, wie nach 1945 die Parteizugehörigkeit wieder zum entscheidenden politischen Kriterium wurde, Versuche, Frauen an der politischen Machtausübung zu beteiligen, in den Hintergrund gerieten. In den Vordergrund traten die Kämpfe der Parteien um die Macht.[35]

Bereits 1919 hatte Lida Gustava Heymann in einem Kommentar zum ersten Wahlergebnis der deutschen Republik festgestellt, daß die »Männerparteien« einer wirkungsvollen Politik von Frauen hinderlich seien und die Frauen aufgefordert, sich von den »veralteten, unfruchtbaren

Formen des Parteilebens« abzuwenden.[36] Doch gelang es der Frauenbewegung der Weimarer Republik nicht, eine massenhafte frauenpolitische Gegenöffentlichkeit zu schaffen. Die Zeit für eine mögliche Entwicklung anderer demokratischer Praxen war zu kurz. Was geschehen wäre, wenn sich in Deutschland kein nationalsozialistisches Regime etabliert hätte, bleibt im Bereich der Spekulationen.

Es sollte bis in die achziger Jahre des 20. Jahrhunderts dauern, bis ein qualitativer und quantitativer Umschlag hinsichtlich der politischen Partizipation von Frauen zu verzeichnen war. So konnte auch im Karlsruher Stadtrat eine wesentliche Erhöhung des Frauenanteils erst 1980 vollzogen werden: Nun waren erstmals 14 Frauen im Kommunalparlament vertreten, aus der »alten Riege« noch Gretel Vogt (geb. 1912), SPD.

Diese Entwicklung ist vor dem Hintergrund der Neuen Frauenbewegung und der wachsenden politischen Beteiligung von Frauen außerhalb etablierter Parteien und Institutionen in neuen sozialen Bewegungen, Bürgerinitiativen et cetera, in denen Frauen überproportional vertreten waren, zu sehen. Mit Etablierung der GRÜNEN als Partei war ein »frauenpolitischer Schub« zu verzeichnen, der bis in die traditionellen Parteien hineinwirkte. Es beginnt sich abzuzeichnen, daß eine andere Gestaltung von Politik eine Bedingung für die Aktivität von Frauen ist. Das hier vorgestellte Forschungsprojekt möchte einen Beitrag leisten, den historischen Boden heutiger Politik von Frauen auf kommunaler Ebene zu erarbeiten.

Gerrit Kaschuba · Brigitte Furche

»Spieglein, Spieglein an der Wand ...«?

Bilder und Biographien von historischen Frauengestalten

1. Einblicke in die Vorüberlegungen

Das Thema der Tagung war »Geschlecht – Macht – Arbeit«. Es ging um verschiedene Lebensmodelle und -entwürfe von Frauen in verschiedenen Epochen, darum, wie sich Frauen Handlungs- und Entscheidungsspielräume – in der Familie, im Beruf, in der Politik, in der Religion – verschafft haben, welche Vorstellungen von Macht sie hatten, aber auch, was sie begrenzte.

Bei der Vorbereitung der geplanten Vorstellungsrunde leitete uns die Frage, wie wir uns als Frauen der Gegenwart in Beziehung setzen können zum Thema, und damit zu Frauen in der Geschichte.

Wir wollten den Anwesenden, die sich mit Geschichte von Frauen befassen, in den Grenzen des Themas Spielraum zur Gestaltung ihrer Erfahrungen geben. Dabei schälten sich drei inhaltliche Fragekomplexe heraus: Was bedeutet uns die Erforschung und Sichtbarmachung von Frauenleben in der Geschichte? Welche Vorbildfunktion können diese Frauen für uns heute haben? Und welche Identifikationsprozesse sind hierfür notwendig?

Daß eine solche Vorgehensweise nicht einfach werden würde, war uns bewußt, als sich herauskristallisierte, daß sich über 50 Teilnehmerinnen angemeldet hatten. Eine solche Zahl erschwert eine persönliche Einstiegsphase, verbietet im Grunde genommen auch eine Vorstellungsrunde im Plenum. Wir versuchten es trotzdem. Warum?

Uns war wichtig, daß die einzelnen sich thematisch einstimmen, gegenseitig wahrnehmen und kennenlernen konnten, auch, um die von uns mit den Tagungen angestrebte Vernetzung lebendig werden zu lassen und zu ermöglichen, daß sich die Frauen in bezug aufeinander und als an der Tagung aktiv Beteiligte erleben. Dafür sollten sich Kleingruppen um jeweils eine historische Frauengestalt bilden.

2. Vorgehensweise und Verlauf

In der Vorbereitung wählten wir acht bekannte und weniger bekannte Frauen aus verschiedenen historischen, regionalen und sozialen Kontexten mit unterschiedlichen Akzentsetzungen und Betätigungsfeldern aus: Forscherinnen, schreibende Frauen, politisch Aktive, Philosophinnen, Natur- und Literaturwissenschaftlerinnen (Seite 4). Wir bereiteten jeweils ein Plakat mit einem Portrait der Frauen vor, das Angaben zu deren Biographie und Bild enthielt, und kleine Ansteck-Kärtchen mit einer verkleinerten Kopie des Bilds für die Teilnehmerinnen. Deutlich wurde bereits in der Vorbereitung, daß bei allen portraitierten Frauen beziehungsweise in den über sie oder von ihnen verfaßten Texten das Thema»Geschlecht–Macht–Arbeit« in einem je besonderen Zusammenhang auftauchte.

Auf der Tagung hatte am ersten Nachmittag bereits ein Einführungsvortrag stattgefunden, am Abend sollte es um das Kennenlernen gehen. Die Teilnehmerinnen entschieden sich für eine der auf den Ansteckkärtchen abgebildeten Frauen – nach spontaner Sympathie, in Kenntnis oder Unkenntnis, in je spezifischer Verbundenheit, nach Interesse, um sich mit Gleichgesinnten um das Plakat zu gruppieren. In den Kleingruppen sprachen die Teilnehmerinnen zunächst miteinander über ihren Bezug zu der von ihnen gewählten Frau. Folgende Leitfragen dienten der Strukturierung:
1. Was spricht mich bei dieser Frau an? Was wüßte ich gerne genauer?
2. Wo sehe ich einen Bezug zu mir selbst?
3. Was ist mein persönliches Interesse an der Tagung?

Während die Gruppen tagten, fotografierten wir die einzelnen Frauen mit einer Polaroid-Kamera, damit sie ihre Fotos zu dem Portrait der von ihnen ausgewählten Frau gruppieren konnten. Damit verbanden wir die Aufforderung, Stichworte zur eigenen Person und zur eigenen Bezugnahme auf die historische Frauengestalt aufzuschreiben.

Im Plenum stellten sich die Teilnehmerinnen – entweder als Kleingruppe oder einzeln – damit vor, was für sie wichtig und interessant an dem Gespräch über die historische Frauengestalt in Beziehung zu sich selbst und zu ihrem jeweiligen Tätigkeitsbereich war.

3. Begründung und Einschätzung der Methode

Es geht uns mit dieser – genauen – Darstellung nicht darum, eine »neue Methode« vorzustellen, sondern um *die Reflexion unseres methodischen Einstiegs im Rahmen einer wissenschaftlichen Tagung* und um die Bedeutung, die ein solches Vorgehen in diesem Kontext haben kann. Dieser Aspekt ist uns deshalb wichtig, denn auch unter Frauenforscherinnen und »Öffentlichkeitsarbeiterinnen« ist es keineswegs Usus, teilnehmerinnenbezogene Vorgehensweisen zu wählen, die den Bezug zur eigenen Person betonen.

In der feministischen Geschichts- und Sozialforschung kommt der Subjektivitätsorientierung insofern ein zentraler Stellenwert zu, als sie den Blick von Frauen als Objekten der sozialhistorischen Forschung hin zu ihrer aktiven Rolle als Subjekte gelenkt hat. Ebenso verlangen die Formen der Vermittlung zwischen Wissenschaft und Praxis sowie die Aneignung und Diskussion von Forschungsergebnissen einen personellen Bezug. Dabei geht es nicht zuletzt darum, uns selbst ernst zu nehmen, uns nicht auf unsere »Produkte« zu reduzieren.

Ein Anliegen innerhalb unseres Vorgehens baut auf einem Grundgedanken der Frauengeschichtsforschung auf, Arbeitswirklichkeit und Lebensentwürfe von Frauen in der Vergangenheit aus ihrer »öffentlichen Abwesenheit«, die nach wie vor auch in den Medien der Geschichtsforschung vorherrschen, herauszulösen und das Bewußtsein für die gesamtgesellschaftliche Bedeutung von weiblichen Vorbildern zu stärken. Denn Identitätsbildung erfolgt auch über Erinnerung und Geschichte,[1] Identität entsteht innerhalb einer bestimmten symbolischen Sinnwelt vor dem Hintergrund eines Erfahrungs-, Erwartungs- und Handlungs-spielraums, der Vertrauen und Orientierung stiftet, und zwar über Bilder, Gesetze und Geschichten.

Jede Identitätsbildung trägt in ihrem Kern den Doppelaspekt der Wiederholung und Vergegenwärtigung, das heißt der Deutung der Überlieferung. Der chronologische Fortgang der Geschichte und die wiederholte Vergegenwärtigung einzelner Frauengestalten bilden demnach die beiden elementaren Aspekte bei der Identitätsbildung, die durch die persönliche Bezugnahme zu Frauen aus der Geschichte als Vorbilder wirksam werden kann.

Dabei ist jedoch wichtig, auf den dynamischen Prozeß der Bezugnahme hinzuweisen: Zu der Orientierung an einer subjektiv bedeutsamen Person kommt das aktive Sich-Erkennen in ihr, die Vergegenwärtigung des eigenen Anteils und schließlich die Fähigkeit zur Transzendenz.

Vorbilder gehören zur menschlichen Wahrnehmung, ob wir sie pflegen, vergessen, überwinden oder verdrängen, sie sind Teil der menschlichen Erfahrung: sich der fremden und eigenen Umstände, Erfahrungen und Begegnungen zu vergewissern und sie aus einem klärenden Abstand in einen eigenen Sinnzusammenhang zu bringen, sie (besser) zu verstehen, zu kritisieren und gegebenenfalls zu korrigieren.

Eine identifikatorische Auseinandersetzung mit Frauen aus der Geschichte im Spannungsfeld von Macht und Arbeit ist aber bislang durch deren Ausblenden erschwert.

Eine kollektive symbolische Bezugnahme auf Frauen, wie sie die Mailänderinnen der »libreria delle donne« mit ihrem Konzept des »affidamento« (sinngemäß: ein werteschaffendes Sich-Anvertrauen unter Frauen) betonten, läßt eigene Wertmaßstäbe entstehen: »Indem wir einer anderen Frau im gesellschaftlichen Rahmen Autorität und Wert zuschreiben, verleihen wir uns selbst, unserer eigenen Erfahrung, unserem eigenen Begehren Autorität und Wert: ›Wenn ich für Gertrude Stein eintrete, trete ich auch für mich selbst ein‹ «.[2] Damit ist ein zentraler Gesichtspunkt, ein zentrales Ziel der feministischen Frauengeschichtsforschung angesprochen: die Bedeutung der Aufarbeitung und Rekonstruktion von Frauengeschichte für heutige Frauengenerationen, die Möglichkeit des Identitätsgewinns durch Kenntnis der Geschichte unserer »Vorfahrinnen«.

Eine wichtige Erkenntnis, die sich aus diesem Ansatz der bewußten, gewählten Bezugnahme auf Frauen in Gegenwart und Vergangenheit ergibt, stellt für die weitere Diskussion die Differenz unter Frauen in der Frauengeschichts- und Sozialforschung ebenso wie in der Praxis dar – ob in der Bildungsarbeit, in Frauenprojekten oder ähnlichem. Die Akzeptanz unterschiedlicher Lebensformen und -entwürfe im Zusammenhang mit Klassen- und Schichtzugehörigkeit, regionaler Herkunft hat sowohl im Blick auf die Geschichte, als auch für uns heute eine neue Grundlage der Auseinandersetzung wie auch neue Bilder von Wirklichkeit geschaffen.

Die italienischen Feministinnen haben den Begriff der Differenz im Anschluß an die Aussagen von Luce Irigaray weiterentwickelt. Demnach liegt einer der Schlüssel für die Strukturen, die Frauen in der abendländischen Geschichte vorwiegend auf private Bereiche verweisen, in einer neuen Qualität des Umgangs unter Frauen – eben in der Beziehung des »affidamento«, die im Unterschied zur herkömmlichen vom Patriarchat bestimmten Rivalität unter Frauen Auseinandersetzung und verschiedene Grade der Machtausübung, Zusammenarbeit und Solidarität neu zu Diskussion stellt. Dabei werden die verinnerlichten Normen des »Liebespatriarchats« infrage gestellt, die Frauen veranlassten, ihre Männer, Väter, Brüder zu unterstützen, ohne zu bedenken, an welchem Herrschafts- und Machtgehabe sie sich beteiligten. Mit dem Vorschlag, ein »symbolisches System der Mütter« (»sistema simbolico della madre«)[3] zu schaffen, ist eine Rückbesinnung auf eine »mütterliche« Erfahrungswelt gemeint, die diese allerdings nicht idealisiert. Eine solche durchaus kritisch gedachte Reflexion der »mütterlichen« Erfahrungswerte käme zunächst einmal einer Be-Achtung und damit auch gesellschaftlichen Aufwertung der Symbolik des Alltags im lokalen Beziehungsumfeld gleich. Das ermöglicht das Wachsen gesellschaftlicher Einstellungen und Strukturen, in denen Frauen – auch im öffentlichen Bereich – die Freiheit erhalten und die Verantwortung übernehmen können, eine ihnen gemäße Gestaltung der gemeinschaflichen Angelegenheiten vorzunehmen. Das Postulat von Theorie und Praxis im feministischen Kontext heißt demnach: aus der Erfahrungswelt der Frauen wächst die Theorie der Auseinandersetzung mit den geschichtlichen Vorbildern.

Anne Dudeck hat das Thema der Orientierung an Bildern von Frausein folgendermaßen beschrieben: »Ich mache mir ein Bild, ich halte etwas im Bild fest. Es gibt unscharfe, unter-/überbelichtete Bilder. Ich bin täglich von Bildern umgeben, ohne sie immer im einzelnen wahrzunehmen. Ich orientiere mich an Bildern. Ich brauche Bilder als Vorbild, Abbild, Abgrenzung, Hinweis, Verständigungshilfe. Ich trage Bilder von Frausein in mir. Welches Bild von Frau-Sein leitet mein Handeln?«[4]

Um dies noch einmal auf unsere Vorgehensweise (den Einsatz von Frauenbildern mit Textauszügen zu den Biographien, verbunden mit der Aufforderung zur Bezugnahme auf die historischen Frauengestalten) zu beziehen:

Bilder rufen unterschiedliche Wahrnehmungen und Assoziationen, Bewertungen, Definitionen von Frausein hervor.

Texte zur Biographie geben Zeugnis von Brüchen, Behinderungen (in der Schul- und Ausbildung, im Beruf, etwa einer Lehr- und Forschungstätigkeit an der Hochschule wie im folgenden Beispiel von Mathilde Vaerting, in der Politik) im Leben von Frauen, weisen aber gleichzeitig auch auf Durchsetzungsvermögen und Widerstand von Frauen hin – allen Widrigkeiten zum Trotz. Die Auseinandersetzung mit gesellschaftlichen Machtverhältnissen in verschiedenen Zeitabschnitten zeigt sich in vielfältigen Formen des Umgangs mit den jeweiligen Hindernissen.

Biographie und Zeitgeschichte werden durch die Bezugnahme von Tagungsteilnehmerinnen auf die historischen Frauengestalten in Beziehung gebracht: In Biographien über und von Frauen zeigen sich Gemeinsamkeiten und Unterschiede von Frauenleben in einer Epoche, auch unterschiedliche Formen des Widerstands von Frauen. Ebenso wird das durchgängige strukturelle Muster patriarchalischer Macht deutlich, das sich nicht zuletzt darin äußert, daß sich Frauengenerationen heute in den Biografien wiederfinden. Neben diesen »Kontinuitäten« sind dabei gleichermaßen die Unterschiede zwischen verschiedenen historischen Zeitabschnitten, aber auch die Unterschiede unter Frauen heute zu erkennen, anzuerkennen und die darin liegende Sprengkraft zu nutzen.

Die gewählte Herangehensweise umfaßt also biographische, historische und zeitgeschichtliche Elemente: Über Anknüpfungspunkte zwischen der eigenen Biographie und der der gewählten historischen Frauengestalt werden Bezüge und Vergleiche, auch Abgrenzungen hergestellt – und damit gleichzeitig zwischen den beteiligten Frauen in einer Gruppe: Frauen erkennen somit auf andere Art und Weise die Spannung zwischen dem eigenen Lebenslauf und den gesellschaftlichen Anforderungen, die an sie gerichtet sind, und die sie teilweise übernehmen.

Über die Methode nachzudenken heißt allerdings auch, nach ihren Grenzen zu fragen. Auf einen Aspekt sei an dieser Stelle hingewiesen: Die Offenheit des Vorgehens erfordert viel Zeit. Deshalb sind im Rahmen einer Tagung sicherlich nur erste Impulse möglich.

4. Exemplarische Frauenbilder und -biographien

Von den acht auf der Tagung eingesetzten Frauenbiographien und -bildern aus der (Zeit-)Geschichte haben wir zwei ausgewählt, die wir im folgenden exemplarisch vorstellen.[5]

Mathilde Vaerting, 1884–1977

Als fünftes von zehn Kindern wuchs sie in einer wohlhabenden Bauernfamilie katholischen Glaubens bei Lingen auf. Nach dem Unterricht durch eine Hauslehrerin, dem Besuch der höheren Mädchenschule, vier Jahren in Pensionaten, absolvierte sie 1903 ihr Lehrerinnenexamen. Während ihrer Lehrerinnentätigkeit legte sie 1907 die allgemeine Reifeprüfung am Gymnasium in Wetzlar ab. Von 1907 bis 1911 studierte sie in Bonn, München, Marburg und Gießen Mathematik, Physik und Chemie (ähnlich übrigens wie zwei ihrer Schwestern). 1911 promovierte Mathilde Vaerting. 1921 publizierte sie die Studie »Neubegründung der Psychologie von Mann und Weib«. 1923 wurde sie auf einen neu eingerichteten

Lehrstuhl für Erziehungswissenschaft an die Universität Jena berufen, doch die Mitglieder der Philosophischen Fakultät respektierten sie nicht als akademische Kollegin. Die Diskreditierung ihrer wissenschaftlichen Kompetenz stand im Mittelpunkt der Angriffe. 1933 wurde die unbequeme Kollegin (»Der Mann hält alle Zugänge zu den Erfolgen der Produktion in Kunst und Wissenschaft in seiner Hand«, M.V.), die die verbreiteten Anschauungen über Intelligenz bei Männern und Frauen als ein reines Machtprodukt bezeichnete, mit Hilfe des § 4 des NS-Gesetzes zur »Wiederherstellung des Berufsbeamtentums« entlassen. Damit wurde sie ins soziale und theoretische Abseits gedrängt, wodurch sie sich aber nicht von der Gründung von Publikationsorganen und wissenschaftlichen Instituten abhalten ließ. Sie war nicht verheiratet.[6]

Lucie Varga, geb. Stern, 1904–1941

Sie entstammt einer jüdischen Familie aus Österreich-Ungarn und besuchte die Schule der Eugenie Schwarzwald. Varga emigrierte nach Paris, wo sie mit Lucien Febvre die Mentalitätsgeschichte vorantrieb (siehe Zeitenwende: Mentalitätshistorische Studien 1936–1939, hrsg. von Peter Schöttler, Frankfurt a. M. 1991). Zuvor hatte sie wichtige Arbeiten zum Nationalsozialismus verfaßt, in denen sie als erste die symbolische und emotionale Dimension der NS-Bewegung erklärte (Dies.: Die Entstehung des Nationalsozialismus, Paris 1937). Aufschlußreich sind auch ihre Forschungen zum Hexenglauben in Ladinien. Verfolgt, verlassen und verarmt starb sie 1941 in Paris.[7]

Literatur

Chodorow, Nancy: Das Erbe der Mütter. Psychoanalyse und Soziologie der Geschlechter. München 1985.
Irigaray, Luce: Das Geschlecht, das nicht eins ist. Berlin 1979.

Susanne Maurer

»The sunny side of the street ...«

Oder:
Gibt es einen »richtigen« und einen »falschen« Feminismus in der Geschichtsforschung?

Vorbemerkung

Dieser Beitrag versteht sich als nachgetragener Diskussionsbeitrag zur Tagung des Netzwerks »Frauen & Geschichte« in Bad Boll – als persönliches Statement einer Frau aus der Gruppe, die die Tagung vorbereitet und durchgeführt hat, und die sich auf diese Weise noch einmal zu einigen kontrovers diskutierten Fragen äußert und über deren Hintergründe nachdenkt.

»Tanzen lernen im Gegenrhythmus zur offiziellen Zeit – denn das ist es, was Feminismus für mich zur Zeit bedeutet.«[1]

Anke Wolf-Graaf verwendet dieses Zitat in ihrem Beitrag für das Buch »Schwesternstreit. Von den heimlichen und unheimlichen Auseinandersetzungen zwischen Frauen« – von mehreren Frauen verschiedenen Alters, verschiedener Klassenherkunft, verschiedener Lebensweisen Anfang der achziger Jahre geschrieben, als die Diskussion um Differenz unter Frauen noch nicht die Säle feministischer Fach-Kongresse füllte.

Einige der von Wolf-Graaf formulierten Gedanken stecken in gewisser Weise den Rahmen meines eigenen Beitrags ab:

»Vielleicht werden viele Frauen wie ich diesen [oben zitierten] Satz spontan als zutreffend ansehen. Doch spätestens bei der Frage, was der richtige und eigentliche Gegenrhythmus zur offiziellen Zeit ist, fangen die Differenzen an; hier beginnt der Dogmatismus und der Versuch, allgemeingültige feministische Lebenswege und -formen zu bestimmen. »Feminismus ist keine Ideologie mit Aneignungscharakter und kann deshalb auch nicht von Männern vereinnahmt werden. Es ist eine Lebensform, die nicht konsumierbar, sondern nur erfahrbar ist. Feministische Praxis ist deshalb auch keine Strategie, sondern die Umsetzung der Individualität der Frau in gesellschaftliche Praxis.«[2] Dieser politische Prozeß der Findung und Umsetzung von Individualität in eine gesellschaftliche Praxis kann nicht für alle Frauen gleich aussehen, sondern hat höchst unterschiedliche Gesichter. Genau dies wird von Teilen der Frauenbewegung immer noch übersehen. Es wird oftmals nicht akzeptiert, daß es keine Militärparade im Gleichberechtigungsschritt, keine rhythmische Can-Can-Riege im ›Saloon zur Befreiung‹ gibt. Es gibt aber auch keinen Gesellschaftstanz, bei dem alle im gleichen Takt mit gleicher Schrittfolge im Antiheterotango beginnen.

Gerade an der Frage, was ist feministisch, was ist befreiend, verändernd, antipatriarchalisch, revolutionär-lesbisch, trennen sich die Geister. Hier tun sich tiefe Gräben auf; da fallen so manche Frauen herein, geraten ins Niemandsland oder fühlen sich als Grenzgängerinnen.«[3]

Es ist möglich, daß wir in unseren Frauen-Öffentlichkeiten Mitte der neunziger Jahre über diesen »Stand der Dinge« inzwischen hinaus sind. Ich bin mir da allerdings gar nicht so sicher und will das am Beispiel unserer Tagung gerne diskutieren.

In nun fast zwanzig Jahren eigener Geschichte mit feministischer Theorie und Praxis lerne ich immer wieder, wie wichtig es ist, auf latente und manifeste Konflikte »in den eigenen Reihen« – das heißt im weitesten Sinne: »unter Frauen« – zu achten, Konflikte als produktiven und erkenntnisfördernden Faktor ernst zu nehmen und eben nicht durch vorschnelle Polarisierungen oder auch Harmonisierungen erneut zu verdecken.

In diesem Beitrag beschäftige ich mich deshalb mit den Momenten des Unbehagens, der Kritik, des Miß-Verständnisses, die uns auf der Boller Tagung zur Auseinandersetzung herausgefordert haben.

Die skizzierten Konfliktbereiche und Fragen entsprechen meiner persönlichen Wahrnehmung und Sicht auf die Dinge; ich beziehe mich dabei zum Teil aber auch auf (selbst)kritische Beiträge von Tagungsteilnehmerinnen und Frauen aus der Vorbereitungsgruppe. Ich denke, daß es den Teilnehmerinnen und der Tagungsvorbereitungsgruppe gelungen ist, mit diesen Konflikten – oder: trotz dieser Konflikte – konstruktiv zu arbeiten. Dennoch halte ich es für lohnend sich zu vergegenwärtigen, auf welche strukturellen Probleme die Konfliktpunkte verweisen und danach zu fragen, was wir im Hinblick auf feministische Strategien und Praxen im Allgemeinen und auf das Netzwerk »Frauen & Geschichte Baden-Württemberg e.V.« im Besonderen daraus vielleicht lernen können.

Das Phänomen: Verständnisschwierigkeiten

Die Tagung begann sogleich mit einem »Miß-Verständnis«: einige der Teilnehmerinnen hatten das Thema »Geschlecht – Macht – Arbeit« nicht in seiner – für die Tagung konstitutiven – Verbindung zur Frage nach zentralen Kategorien in der historischen Frauen- und Geschlechterforschung wahrgenommen[4] und waren von daher mit »anderen Erwartungen« nach Bad Boll gekommen.

Dieses Miß-Verständnis verschränkte sich mit Verständnis-Schwierigkeiten anderer Art im Zusammenhang mit dem Einführungsvortrag »Frauen und Macht. Auf der Suche nach dem Verhältnis des ›schwachen Geschlechts‹ zum Bewegungsfaktor ›Macht‹ in Geschichte und Gegenwart«:

Zum ersten bewegte sich Sylvia Schraut mit ihrem Vortrag inhaltlich und sprachlich in einem wissenschaftlich-disziplinären Diskussionskontext, in dem manche der Teilnehmerinnen nicht gleichermaßen »zu Hause« waren beziehungsweise dem gegenüber einige der Anwesenden aus anderen Gründen Aversionen[5] entwickelt hatten.

Zum zweiten bezog sich die Referentin kritisch auf verschiedene Diskurse zu Macht im Kontext der Neuen Frauenbewegung und thematisierte damit direkt und indirekt ein die Geschichte des Feminismus durchziehendes »Macht-Tabu«. Zugespitzt formuliert: viele Frauen identifizieren Macht vor allem mit Herrschaft und wollen damit möglichst wenig zu tun haben.[6]

Zum dritten stellte Sylvia Schraut einen möglichen Zugang zur historischen Erforschung weiblicher Macht-Ressourcen vor, der einer immer noch weitverbreiten Überzeugung entgegenläuft: der Überzeugung, daß es sich bei den real existierenden hierarchischen Geschlechterverhältnissen um Macht-Verhältnisse handelt, die durch eine eindeutig hierarchische Konstellation gekennzeichnet sind – hier »Unterdrücker« und da »Unterdrückte«. Daß mit einer solch relativ statischen Konzeption von Macht die widersprüchlichen und mehrdeutigen Bewegungen der Individuen und Kollektive im Prozeß der Geschichte letztlich nicht zu fassen sind, haben die Beiträge der verschiedenen Referentinnen – und nicht zuletzt das von Schraut herangezogene Beispiel der Eleonore von Hatzfeld-Gleichen – eindrucksvoll veranschaulicht.

In dieser ersten Skizze von Verständnis-Schwierigkeiten oder »Unbehaglichkeiten«, wie sie sich im Anschluß an Schrauts Vortrag in der Diskussion mit den Tagungsteilnehmerinnen zeigten oder zumindest andeuteten, sind gleich mehrere potentielle Konfliktbereiche angesprochen:

- die feministischen Kontroversen um die Kategorien »Frau« und »Geschlecht«,
- das historisch problematische Verhältnis zwischen Feministinnen innerhalb und außerhalb etablierter Wissenschafts-Institutionen,[7]
- die gesellschaftliche Hierarchie zwischen wissenschaftlicher und »außer«wissenschaftlicher Erkenntnis-Praxis,
- das Problem der Ideologisierung und Totalisierung bestimmter Standpunkte und Perspektiven auch im Kontext des Feminismus.

In den verschiedenen Diskussionen im Verlauf der Tagung stellten sich meiner Ansicht nach folgende zentrale Punkte als frag-würdig und klärungsbedürftig heraus:

- Was verlieren wir, wenn wir die Kategorie »Frau« aufgeben und was vernachlässigen wir, wenn wir die Kategorie »Geschlecht« nicht in unser Denken aufnehmen?
- Welche institutionelle, disziplinäre Macht können Frauen innerhalb des Wissenschaftssystems – auch gegenüber anderen Frauen – ausüben und über welche moralische, politische Macht verfügen Frauen in den »autonomen Frauen-Räumen«?

- Inwiefern reproduzieren wir selbst eine gesellschaftliche Hierarchie in Bezug auf verschiedene Formen und Qualitäten des Denkens und Erkennens, und inwiefern drehen wir mit einer bestimmten Art feministischer Wissenschafts- und Vernunftkritik die herrschende Hierarchie einfach um?
- Wie kann eine selbstreflexive, auch selbstkritische feministische Perspektive entwickelt oder artikuliert werden, die nicht sofort in wütende Abgrenzungskämpfe mündet beziehungsweise wie werden Differenzen und Kontroversen unter Frauen/Feministinnen aushaltbar und lebbar?

Und schließlich die alles andere durchziehende Frage nach der »Politik«: wie können wir als Frauen/Feministinnen Macht als »Vermögen« entfalten, »das Mögliche wirklich zu machen« (Schraut)?

Das Geschehen während unserer Tagung in Bad Boll läßt sich meiner Überzeugung nach also auf sehr allgemeine aktuelle politische Fragen und Konfliktlinien (nicht nur) im Zusammenhang feministischer Kritik und Praxis beziehen. Im Folgenden möchte ich dazu einige Gedanken formulieren.

Die Konfliktlage: Szenario der Verletzungen

Verschiedene Äußerungen, Kritiken und Vorwürfe, die in den gemeinsamen Diskussionen zu hören waren, lassen sich in der Frage zuspitzen: »Verraten« die Wissenschaftlerinnen innerhalb der Universitäten den Feminismus?

In Bezug auf die Kontroverse um die Bezeichnungen »Frauen«- beziehungsweise »Geschlechter«-Forschung wurde von einigen Frauen die Skepsis formuliert, daß die Konzeption einer »Geschlechterforschung« die Gefahr in sich berge, weibliche Energien wieder in erster Linie auf Männer zu konzentrieren und damit heterosexuelle, um nicht zu sagen: heterosexistische Relevanzsysteme als zentrale anzuerkennen und zu reproduzieren.

Ich halte diesen Einwand durchaus für bedenkenswert, bin aber der Auffassung, daß es im Zusammenhang mit der Idee einer Erforschung der »Geschlechter-Verhältnisse« in erster Linie um die Frage nach Strukturen, Kategorien und Symbolsystemen geht. Ein weibliches Erkenntnis-interesse, das sich auf Lebensverhältnisse und -realitäten von Frauen in Geschichte und Gegenwart richtet, kommt nicht umhin, sich mit »Ge-schlechter-Verhältnissen« zumindest in Bezug auf diese Dimensionen auseinanderzusetzen. Es gibt für uns keine Realität, die jenseits davon existiert.

In Bezug auf den Verdacht oder die Unterstellung, daß Frauen durch ihre Arbeit in »männlich« dominierten Institutionen wie »Universität« oder im Kontext einer »Disziplin« zu »Feindinnen« feministischer An-liegen und Interessen werden (artikuliert in der Rede vom »Männerblick in den Köpfen von Frauen, die ihre Parteilichkeit und ihre feministischen Grundlagen vergessen haben«), wird ebenfalls ein Problem angespro-chen, das nicht so ohne weiteres von der Hand zu weisen ist, nämlich die Frage: gibt es einen »Politikverlust« durch Wissenschaft?

Damit ist die Auffassung (und Erfahrung?) verbunden, daß die Pro-zesse der Distanzierung und Relativierung, die mit wissenschaftlicher Analyse und Reflexion in der Regel verbunden sind, der politischen Sprengkraft einer oppositionellen Bewegung – zumindest auf den ersten Blick oder auf kurze Sicht – abträglich sein können.

Anders als programmatische Aussagen oder »politische Bekenntnis-se« geben wissenschaftliche Analysen nicht so ohne weiteres Hand-lungsimpulse, sondern können subjektiv auch als verunsichernd und lähmend empfunden werden.

Zugespitzt war in Boll daher die provozierende These im Raum: »Wissenschaft[8] beendet die Politik«.

Die Provokation, die ein solcher Satz für mich selbst darstellt,[9] hat mich veranlaßt über das Szenario der – möglichen oder erfahrenen – Verletzungen nachzudenken, die sich mit den hier nur angedeuteten Kontroversen verbinden.

Ich will nur kurz – typisiert und stilisiert – zwei gegenübergestellte Positionen und Perspektiven in diesem Feld kennzeichnen:

■ Da ist die Wissenschaftlerin »innerhalb der Universität« (ist sie wirk-lich »innen«?), die sich in ihren eigenen Verwundungen und wider-spruchsvollen Anstrengungen verkannt sieht, wenn die Frau »von außerhalb« ihr Anpassung und »männlichen Blick« vorwirft.

Dabei ist ihr brennendes Interesse an Erkenntnis womöglich gerade inspiriert und bestärkt von den Ideen der Frauenbewegung! Sie empfindet vielleicht ein gewisses Unbehagen angesichts allzu einfacher und allzu eindeutiger Antworten, will es genauer wissen, will die Realität – und damit auch ihre eigene Realität – in ihrer Komplexität und Differenziertheit erfassen und begreifen. Aber kann sie sich mit ihren Reflexionen und Einsichten anderen noch vermitteln? Oder wird alles, wofür sie denkend kämpft, was sie sich mühsam erarbeitet hat, in der konkreten politischen Auseinandersetzung verkehrt und mißverstanden?

■ Da ist die Feministin »außerhalb der Universität«, die lebensgeschichtlich vielleicht ebenfalls über spezifische Einschluß- und Ausschlußerfahrungen in Bezug auf Wissenschaft und ihre Institutionen beziehungsweise in Bezug auf die Macht wissenschaftlicher Diskurse verfügt. Sie ist auf andere Weise verletzt oder geht mit ihren Verletzungen anders um. Sie distanziert sich und sucht nach »anderen«, nach »eigenen«, gemeinsam mit anderen Frauen hergestellten Räumen der Erkenntnis. Sie steckt ihre Energie in die Schaffung einer »Frauen-Kultur«, in der sich Frauen ausdrücklich – und vielleicht auch ausschließlich – auf Frauen beziehen. Ihre Erfahrung sagt ihr, daß ihre Stimme in den herrschenden Öffentlichkeiten nicht gehört wird, daß ihre Kraft vereinnahmt und ihre Arbeit unsichtbar gemacht wird, daß ihre Existenz und ihr Begehren entwertet wird oder nicht zählt. Der Zorn, die Wut und die Empörung, die sich daraus ergeben, richten sich auch gegen die Frauen, die sich in diesen »herrschenden Verhältnissen« – scheinbar – ganz gut arrangieren und – scheinbar – entsprechende Privilegien genießen. Von ihnen fühlt sie sich – stellvertretend auch für alle anderen Frauen – verraten.

Für die Frauen »außerhalb«[10] können Frauen »innerhalb« der Institutionen als »Teilhaberinnen an patriarchaler Macht« (nicht zuletzt als Nutznießerinnen spezifischer materieller und ideeller Ressourcen) erscheinen, die die Sprache der Herrschenden sprechen und damit eben auch ihre eigenen Geschlechtsgenossinnen »beherrschen« und »definieren«, das heißt auch: begrenzen können.

Handelt es sich bei den Frauen »innerhalb« ihrem eigenen Selbstverständnis nach um Feministinnen, so verwirren sich die Verhältnisse – die

mit der Existenz einer »Feministin im Wissenschaftsbetrieb« verbundenen diffizilen und widersprüchlichen Anpassungs- und Widerstandslei-
stungen können (auch von ihr selbst!) nicht so ohne weiteres durch-
schaut und eingeordnet werden.

Ich denke, daß auf »beiden Seiten«[11] Verletzungen eine Rolle spielen,
die mit der subjektiven Erfahrung von Entwertung und Reduzierung zu
tun haben. Verletzungen, die Frauen in einer geschlechterhierarchischen
Ordnung zugefügt werden, und die sie sich auch selbst und gegenseitig
zufügen.

Im dritten und letzten Abschnitt sollen hierzu einige analytische Ge-
sichtspunkte dargelegt werden.

Versuch einer Analyse: Feministische Identitätspolitiken

Die in diesem Beitrag zur Diskussion stehende Konfliktlandschaft kann
also als Konkurrenz zwischen verschiedenen Modellen des Feminismus[12] oder gar als Konkurrenz zwischen verschiedenen Existenzweisen
»als Feministin« in Erscheinung treten: Welche ist die richtigere, die
konsequentere Feministin? Welche riskiert mehr beziehungsweise welche hat es besser? »The sunny side of the street ...«

Wenn hingegen davon ausgegangen wird, daß einzelne Frauen mit
ihrer Existenz jeweils eine bestimmte Variante des historisch gerade
möglichen Spektrums »verkörpern« – und damit auch bestimmte Seiten
der Konflikte, die in unseren Lebensrealitäten und -verhältnissen strukturell verankert sind –, so öffnet sich das Bild der Polarisierungen und
ermöglicht andere Sichtweisen.

Um die bisher skizzierten Phänomene weiter zu ergründen, frage ich
in diesem Abschnitt daher systematisch nach individuellen, kollektiven
und erkenntnispolitischen feministischen Strategien, die auf die genannten strukturellen Konflikte bezogen sind.

Die Frauenbewegung hat sich als politische Bewegung konstituiert,
indem sie unwürdige Lebensverhältnisse und -bedingungen von Frauen
öffentlich skandalisierte. Damit brach sie mit bestimmten gesellschaftlichen Tabus, setzte den bis dahin dominierenden Bildern von Weiblichkeit und den herrschenden Konventionen und Normen in Bezug auf
Frauen- und Mutterrolle provozierende andere Positionen entgegen.

Um die alten Bilder und Wirklichkeiten zu erschüttern, mußten radikal »andere« Gegen-Entwürfe formuliert werden, die im Zeichen von Selbstbestimmung und Autonomie Frauen den Weg aus dem Opfer-Schicksal im Patriarchat in die Freiheit und Gleichheit des herrschaftsfreien feministischen Utopia weisen sollten.

Daß auch die feministischen Gegen-Entwürfe letztlich auf die kritisierten Vorstellungen – mehr oder weniger offensichtlich – bezogen blieben, daraus gewissermaßen ihren »Stoff« bezogen, wenn auch unter anderen Vorzeichen – dieses Problem teilten sie mit allen radikal-kritischen oppositionellen Bewegungen.

Seit seinen Anfängen ist feministisches Denken also von ganz bestimmten Dilemmata durchzogen, die zum Beispiel darin bestehen, daß Frauen angesichts des Ausmaßes sexistischer Gewalt vor allem als Opfer von Männergewalt und Männerherrschaft erscheinen müssen, andererseits sich selbst aber auch als handelnde, schöpferische Subjekte erfahren, die ihr Leben selbst gestalten – und sei es in noch so geringem Maße.[13]

Beides zugleich, gar »ineinander« zu denken und als Realität anzuerkennen, scheint nicht gerade einfach zu sein. Nicht umsonst werden Versuche unternommen, die Spannung, die in dieser widersprüchlichen Gleichzeitigkeit liegt, einseitig – oft auch hierarchisch – aufzulösen, um »Eindeutigkeit« zu erzeugen: meiner Ansicht nach handelt es sich bei solchen Versuchen um »identitätspolitische Strategien« im Denken, die bestimmte politische und subjektive Funktionen erfüllen.

Der Begriff »Identitätspolitik« steht hier für eine spezifische Verschränkung verschiedener Dimensionen von Identität: Identitätspolitische Strategien sind in den Dimensionen des Individuellen, des Kollektiven und des Erkenntnistheoretischen auszumachen. Im Kontext des Feminismus lassen sich diese Dimensionen wiederum konkretisieren als »feministische Orientierung« in Bezug auf und mit Wirkungen auf

■ den individuellen Lebensentwurf beziehungsweise die individuelle Praxis,
■ gesellschaftliche Emanzipationsbewegungen/Emanzipationsprozesse beziehungsweise die kollektive Praxis, und
■ den Bereich des Denkens: Wahrnehmung, Deutung, Kritik, Analyse und (Re)Konzeptualisierung weiblicher Existenz.

»Identität« und »Politik« verknüpfen sich dabei historisch-empirisch auf mehrfache Weise:

- Feminismus »bedient« sich der Identität in individueller, kollektiver und erkenntnispolitischer Hinsicht als Medium der Politik,
- Identität wird zum Ausgangspunkt für Politik, und
- Identität ist auch Zielpunkt der Politik.

Weshalb nun wird »Identität« im Feminismus zu einem solch bedeutsamen Bezugspunkt? Zu fragen ist hier zunächst nach den individuellen und kollektiven Funktionen und Notwendigkeiten einer Identitätspolitik im Hinblick auf »weibliche Subjekt-Werdung« und Handlungsfähigkeit:

Einzelnen Frauen geht es im Kontext des Feminismus um die Anerkennung ihres Mensch-Seins, um ihre persönliche Würde und ihre Würde als Frau; darum, daß ihre persönlichen, »weiblichen« Erfahrungen als Teil des Allgemeinen, des Gesellschaftlichen wahrgenommen und anerkannt werden; darum, daß sie mit ihrer Geschichte, ihrer Arbeit, ihrem Denken und ihrem Begehren sichtbar werden und Wertschätzung erfahren.

Um sichtbar zu werden, müssen sie erkennbar sein. Sie müssen sich beschreiben, kennzeichnen, Gestalt geben. Damit ist unweigerlich ein Prozeß der Identifizierung verbunden, und die Suche nach so etwas wie »persönlicher Identität«: sich von anderen unterscheiden, um Indivualität zu gewinnen.

Mit Entstehung einer »Frauenbewegung« werden einzelne Frauen miteinander zum »kollektiven Subjekt der Geschichte«. Sie werden zu einer gesellschaftlichen Kraft, die etwas in Bewegung bringt. Unter Bedingungen der Geschlechterhierarchie ist die Dimension oder Kategorie »Geschlecht« ein Kriterium der Diskriminierung; im Kontext der Frauenbewegung und des Feminismus wird sie zum Kriterium der Verbindung, der »Identifizierung im Positiven«. Abstrakt entsteht hier eine Kollektividentität über das relativ unspezifische Kriterium »Frau-Sein«; konkret werden Kollektividentitäten konstruiert über das Kriterium »gemeinsame Betroffenheit« (von struktureller oder direkter Gewalt und Diskriminierung).

Feminismus als Kritik, Utopie und normative Kraft kritisiert bisherige Identifizierungen des »Weiblichen«, die zur Unterordnung, Abwertung und Ausgrenzung konkreter weiblicher Individuen und des »weiblichen Geschlechts« als »Gruppe« führen oder beitragen. Dabei nimmt feministisches Denken selbst erneut Identifizierungen des »Weiblichen« vor.[14]

Meine These ist, daß dieses ganze Feld der »Identitätspolitik« etwas mit dem prekären – das heißt: unsicheren, schwierigen – Subjekt-Status[15] von Frauen zu tun hat:

Wir können unserer selbst noch weniger »sicher« sein, als das »männliche Subjekt« – man hat uns gelehrt, daß unsere Erfahrung nicht zählt, nicht zum »Allgemein-Menschlichen« gehört, daß unserer eigenen Wahrnehmung nicht zu trauen ist.

Identitätspolitik von Frauen ist daher immer auch Bewältigungsversuch und -strategie oder Gegen-Bewegung zu dieser existentiellen Verunsicherung. Indem Frauen sich Identitäten zu schaffen suchen, besteht allerdings die Gefahr von Prozessen der Totalisierung, der Tabuisierung und der Verdeckung von Konflikten.[16]

Was die kritische Distanz zu sich selbst, was das »Wagen der Kontroverse« angeht: es ist sehr schwer, sich den ohnehin schwankenden Boden unter den Füßen auch noch selbst wegzuziehen. Differenz-Tabu, Macht-Tabu und Konkurrenz-Tabu unter Frauen sind nicht zuletzt vor diesem Hintergrund zu sehen.

Meine Kollegin Maria Bitzan hat sich in einem anderen Zusammenhang[17] mit dieser Problematik beschäftigt:

»... die Frage der Beziehungsbezogenheit und des Rückzugs aus Machtansprüchen [kann] nicht mit weiblichen Wesensmerkmalen erklärt werden (...). Solange gesellschaftlicher Status für Frauen (und eben auch professionelle Anerkennung) nur aus der Sorge für andere gewonnen werden kann (strukturell gesehen), bleiben Frauen bestrebt, diese zu erfüllen. Nur in der Verschmelzung mit anderen ist sie jemand. Sie wird Person, indem sie als eigenständige verschwindet, sich anderen (...) unterordnet. Das ist das vorgesehene Vergesellschaftungsmuster von Frauen, das ihnen keinen eigenen Selbstbezug erlaubt.

Es ist lohnend, die Themen feministischer psychoanalytischer Theorien über die Mutter-Kind-Beziehung (zum Beispiel von Jessica Benjamin[18]) für das professionelle Verhältnis von Frauen nutzbar zu machen und in Verbindung zu bringen mit sozialpolitischen Zumutungen, die ja Frauen gerade aufgrund ihrer Arbeit der Fürsorge (also das »Muttern«, die Beziehungsbezogenheit) einerseits ausschließen, benachteiligen, marginalisieren und andererseits genau diese Tätigkeiten benutzen, in Dienst nehmen.

Darin liegt meines Erachtens eine der entscheidenden Ursachen für das Harmoniebedürfnis, die Konfliktscheu und die Verantwortungsprobleme von Frauen. Solange Frauen ihre Stärke aus der Identifikation mit anderen gewinnen müssen, entstehen Abhängigkeitskonstellationen und der gegenseitige Zwang zur Gleichheit.

Diese Zusammenhänge haben ganz konkrete Auswirkungen auf Handlungsspielräume von Frauen und ihr Verhalten in professionellen Zusammenhängen: es ist das Bedürfnis nach Gleichheit, Einheit, Harmonie und es ist vor allem eine fehlende Basis für Konfliktfähigkeit.«[19]

Vielleicht hat das Phänomen, das Silvia Paletschek in der Einleitung zu diesem Tagungsband beschreibt – daß nämlich von den Tagungsteilnehmerinnen im Zusammenhang mit einer diesbezüglichen Frage überwiegend auf indirekte »Instrumente der Macht« Bezug genommen wurde – mit solchen Überlegungen zu tun. gleichzeitig nehme ich in der zitierten Aufzählung der »Macht-Mittel« auch eine (»heimliche«?) Lust an Aggression, Wut und Machtausübung wahr.

Schluß: Differenzen, Kontroversen und die Arbeit der Vermittlung.

Anliegen meines Beitrags ist es – so habe ich es eingangs bereits formuliert – unbehagliche und konfliktgeladene Momente, die während unserer Boller Tagung »im Raum« waren, unter bestimmten Gesichtspunkten wahrzunehmen, zu (re)konstruieren und versuchsweise zu analysieren. Mit diesem – wissenschaftlichen – Verfahren verbindet sich für mich die Hoffnung, aus eventuellen Blockierungen herauszufinden und die erlebten Grenzen der Verständigung zu verflüssigen.

Indem ich den geäußerten Kritiken nachgehe und die artikulierten Wünsche, Interessen und Hoffnungen der Tagungsteilnehmerinnen[20] als Erkenntnis-Anhaltspunkte ernst nehme, eröffnen sich für mich potentiell neue Perspektiven:

Das, was mich in meiner eigenen Position (als Teil der Vorbereitungs-gruppe) zunächst irritierte, bedrängte oder vielleicht sogar: bedrohte, ermöglichte mir im Prozeß der Reflexion und Analyse Einsichten in zentrale Konfliktkonstellationen.

Wichtig war für mich die Wahrnehmung, daß es bei allen Beteiligten – unter anderem – um Verletzungen, um Entwertungs- und Reduzie-rungserfahrungen geht, und daß Konflikte auch in feministischen Frau-en-Öffentlichkeiten häufig über Hierarchisierung »gelöst« werden.[21]

Vorschnelle Vermittlungsversuche sind in der Tat nicht angebracht, weil damit Konflikte womöglich erneut oder erst recht verdeckt werden; vielmehr ist eine »Arbeit der Vermittlung« zu leisten, die auch etwas mit sich »aneinander abarbeiten« zu tun hat. Damit verbindet sich die Chan-ce, daß gegensätzliche, »feindliche« Positionen aufbrechen, sich ver-schieben oder sich neu bilden – das Ganze erscheint plötzlich als ein »Kräftefeld in Bewegung«.

Die Arbeit an der Organisation und Entwicklung des Netzwerkes »Frauen & Geschichte Baden-Württemberg e.V.« verbindet sich für mich vor diesem Hintergrund mit der Frage:

Ist eine Form der Zusammenarbeit, eine Form der Solidarität unter Frauen denkbar, die »das Andere« als Verschiedenes vom »Eigenen« aushält, die »die Andere« als prinzipiell Gleichwertige, wenn auch nicht Gleiche – also als wirkliches Gegenüber anerkennt?

Illusionen von »Gleichheit«, von »Gemeinsamkeit im konfliktfreien Raum« zu verlieren, kann unseren Blick für reale Begegnung schärfen und den Horizont öffnen für das, was es zu gewinnen gibt – gerade angesichts unserer Verschiedenheit.

Mit dem Netzwerk schaffen wir uns einen Raum, in dem wir unter anderem auch die Fähigkeit entwickeln und kultivieren können, Kon-troversen und Konflikte zu wagen.

Ein Raum, in dem sich so etwas wie Öffentlichkeit und Gesellschaft-lichkeit unter Frauen herstellen kann.

Auch das ist Politik.

Marion Aicher · Silke Lehmann

Möglichkeiten und Grenzen der Umsetzung historischer Frauenforschung im gegenwärtigen Geschichtsunterricht

1. Der Arbeitskreis Didaktik und Vermittlung

Die Gründung des Arbeitskreises *Didaktik und Vermittlung* des Vereins *Frauen & Geschichte Baden-Württemberg e.V.* im September 1994 spiegelt das ständig wachsende Interesse von Lehrerinnen an Frauengeschichte wider. Geschichtslehrerinnen aller Schularten beklagen die androzentristische Ausrichtung des traditionellen Geschichtsunterrichts, sie streben einen Geschichtsunterricht für Mädchen *und* Jungen, der die Rolle von Frauen und Männern in der Geschichte thematisiert, an und unternehmen Schritte diesen zu verwirklichen.

Der Arbeitskreis *Didaktik und Vermittlung* versteht sich als Bindeglied zwischen frauengeschichtlich arbeitenden Lehrerinnen und Wissenschaftlerinnen, im Sinne einer Vernetzung und gegenseitigen Bereicherung. Er möchte Lehrerinnen unterstützen, Frauen- und Geschlechtergeschichte stärker in den Unterricht zu integrieren. Das bedeutet zunächst die Vermittlung neuester Forschungsergebnisse von Seiten der Historikerinnen an die Lehrerinnen – denn immer noch ist das Hauptproblem der Lehrerinnen die Materialbeschaffung sowie der Informationsfluss, die eine erhebliche zeitliche Mehrbelastung bedeuten. Darüber hinaus versteht sich der Arbeitskreis aber auch als Forum für didaktische Fragestellungen und Vorgehensweisen, die sich aus dem Anspruch der Umsetzung von Geschlechtergeschichte ergeben.

Im Arbeitskreis *Didaktik und Vermittlung* arbeiten Lehrerinnen aller Schularten sowie historisch arbeitende Wissenschaftlerinnen zusammen; er begreift sich nicht als geschlossener Zirkel, sondern steht Frauen, die an der Vermittlung und Didaktik von Frauen- und Geschlechtergeschichte interessiert sind, offen.

Da die beiden Autorinnen dieses Aufsatzes Geschichte an einer Haupt- beziehungsweise Realschule unterrichten, stützen sie sich in den nun folgenden Ausführungen in erster Linie auf Erfahrungen aus diesen beiden Schularten; sie sind aber auch auf andere Schularten übertragbar.

2. Problemstellung: Frauengeschichte im Unterricht – additive oder geschlechtergeschichtliche Konzeption?

Die historische Frauenforschung hat seit ihrem Beginn Anfang der siebziger Jahre eine deutliche Entwicklung und Differenzierung in methodischer und theoretischer Hinsicht erfahren. Der Wandel der Begrifflichkeiten – von *Frauengeschichte* zu *Geschlechtergeschichte* –, der auch in Deutschland seit einigen Jahren vielfach beobachtet werden kann, entspringt einem neuen Erkenntnisinteresse, meint aber keine Absage an die Frauengeschichte, sondern verweist vielmehr auf die Ausweitung der Fragestellungen der historischen Frauenforschung. Dieses breite Spektrum konnte noch nicht für die unterrichtsbezogene Fachdidaktik nutzbar gemacht werden. Bevor nun dieser Mangel an Vielfalt in der Fachdidaktik beklagt wird, muß zunächst gefragt werden, welche Konsequenzen sich aus den unterschiedlichen Ansätzen historischer Frauenforschung für den Geschichtsunterricht ergeben.

Sich mit Geschichte zu beschäftigen, nach der eigenen Geschichte zu fragen, entspricht dem menschlichen Bedürfnis, sich in der Erhellung der eigenen Herkunft eine eigene Identität zu bilden und sich ihrer zu vergewissern, um in der Gegenwart Halt zu gewinnen, beziehungsweise für die Zukunft Perspektiven zu entwickeln.[1] Das kann für einen Geschichtsunterricht, an dem Mädchen *und* Jungen teilnehmen, nur bedeuten, daß er für Mädchen *und* Jungen konzipiert sein muß, damit Schülerinnen *und* Schüler dazu kommen können, *ihre* Fragen an die Geschichte zu stellen. Dies ist besonders wichtig für Jugendliche, die auf der Suche nach ihrer Geschlechtsidentität sind.[2]

Ein Geschichtsunterricht, der die Handlungsspielräume von Frauen zeigt, damit auch Mädchen ihr Interesse an Geschichte entwickeln können, wird mittlerweile von vielen Lehrerinnen angestrebt. Doch wie kann ein solcher Unterricht aussehen? Welche Konsequenzen ergeben sich für die Identitätsbildung von Mädchen und Jungen, welches Geschichtsbild wird in der Umsetzung der unterschiedlichen Konzeptionen von Frauengeschichte transportiert?

Zu Beginn der Entwicklung der Frauengeschichtsforschung ging es den Historikerinnen zunächst um das *Sichtbarmachen* von Frauen in der Vergangenheit. Das bedeutet, daß mit dem Terminus »*Frauengeschichte*« das Zusammentragen und Ordnen von Wissen über Frauen gemeint war: Bedeutende historische Frauenpersönlichkeiten wurden entdeckt, die erste Frauenbewegung als Wurzel der heutigen neuen Frauenbewegung gewürdigt. Bald wurde auch der Alltag beziehungsweise das Leben der »Kleinen Frau« – hier zeigt sich der Einfluß der sozialgeschichtlichen Ansätze – als wichtiges Forschungsgebiet erkannt und dazu erste Ergebnisse vorgelegt. Diese additive Konzeption von Frauengeschichte wurde aber bald als ungenügend und zu kurz greifend charakterisiert, da damit die sogenannte »allgemeine« – als männerzentriert entlarvte – Geschichte unangetastet bliebe.[3]

Doch läßt sich diese Kritik auch auf die Geschichtsdidaktik übertragen? Die fachdidaktischen frauengeschichtlichen Arbeiten entsprechen meist (noch) diesem methodischen Ansatz der »ersten Phase« historischer Frauenforschung.[4] Dies kommt nicht von ungefähr: Lehrerinnen[5] befinden sich ständig im Konflikt mit dem vorgeschriebenen Stoff und der ihm zugrunde liegenden Konzeption durch den Bildungsplan, der in Baden-Württemberg auch noch nach seiner Revision 1994 einen Geschichtsunterricht fordert, der frauengeschichtliche Ansätze, wenn überhaupt, nur in additiver Weise zuläßt.[6] So werden in der fachdidaktischen Literatur meist geschlossene »Fraueneinheiten«, wie »Die Frauenbewegung«, »Frauen in der französischen Revolution«, »Frauen im NS-Staat« und so fort als unterrichtsbezogene Vorschläge beziehungsweise Materialsammlungen angeboten und von Lehrerinnen umgesetzt.

Wer Geschichte unterrichtet, kennt die Probleme *Stoffülle* und *Materialbeschaffung*. So können diese ersten – mittlerweile durch das Kultusministerium legitimierten – Schritte, Frauen wenigstens partiell sichtbar zu machen, unter den gegebenen Voraussetzungen nicht rundherum als mangelhaft abgetan werden.[7] Es ist immerhin besser, wenn Frauen überhaupt »vorkommen« und nicht übersehen und verschwiegen werden. So ist es für die Identitätsentwicklung von Mädchen besser, wenn sie *überhaupt* die Möglichkeit erhalten sich mit Frauen zu identifizieren – und sei es beispielsweise mit einer Herrscherin, wie Cleopatra –, als wenn ihnen diese Chance gänzlich verwehrt bleibt. Zudem kann durch die, wenn auch nur vereinzelte, Beachtung von Frauen in ihrer Zeit die Möglichkeit einer Sensibilisierung für frauengeschichtliche Themen erreicht werden. Wäre es nicht ein erstrebenswertes Ziel, wenn Schülerinnen und Schüler dann vielleicht von sich aus fragten: »Wo sind denn bei diesem Thema die Frauen?«

Trotz allem – die Probleme, die sich aus einem rein additiven Ansatz ergeben sind evident. Was für die Historiographie stimmt, gilt auch für den Geschichtsunterricht: Die Geschichte bleibt im Kern unverändert, das heißt Männer werden weiterhin als Akteure der »allgemeinen« und »großen« Geschichte betrachtet, Frauen dabei marginalisiert und womöglich ausschließlich in die Opferrolle gedrängt.[8] Was diese prinzipielle Beibehaltung männlich besetzter Normen für das Identitätslernen von Mädchen und Jungen bedeutet, soll nun im Zusammenhang mit dem gschlechtergeschichtlichen Ansatz diskutiert werden.

Seit Mitte der achziger Jahre läßt sich, ausgehend von den Vereinigten Staaten und Frankreich, eine Weiterentwicklung der historischen Frauenforschung beobachten. Anregungen aus der Kulturanthropologie konnten in methodischer Hinsicht fruchtbar gemacht werden: Geschlecht wurde als soziale und historische Strukturkategorie erkannt und auch an historische Prozesse angelegt.

Die Beziehungen zwischen Frauen und Männern – aber auch innerhalb der jeweiligen Geschlechter – sowie zwischen den Konstruktionen *männlich* und *weiblich* werden im historischen Prozeß analysiert.[9] So können altvertraut oder überholt erscheinende Geschlechtsrollenzuweisungen und ihre dazugehörigen Dichotomien, wie *privat* und *öffentlich*, als historisch und kulturell bedingt thematisiert und ihre Auswirkungen für die Gesellschaft der jeweiligen geschichtlichen Epoche transparent gemacht werden.

Für einen Geschichtsunterricht, der versucht Geschlechtergeschichte umzusetzen, ergeben sich dadurch immense Chancen. Die bewußte Auseinandersetzung der Schülerinnen und Schüler mit den Geschlechterbeziehungen, Geschlechtsrollenzuweisungen und ihren Funktionen in der jeweiligen Zeit birgt in sich die Möglichkeit, vielfältige Bilder von Frauen und Männern in der Geschichte zu entdecken, die klischeehaften Vorstellungen entgegen wirken können. Es geht also bei einem solchen als emanzipatorisch zu verstehenden Geschichtsunterricht nicht darum, zu neu formulierten Männlichkeits- und Weiblichkeitsidealen, sondern zu einer positiven und ganzheitlichen Geschlechtsidentität zu erziehen. Indem Schülerinnen und Schüler Geschlechtsrollenzuweisungen als historisch und gesellschaftlich determiniert erkennen, lernen sie sich selbst von nicht stimmigen Festlegungen zu befreien sowie eigene Anlagen und Fähigkeiten ganzheitlich zu entwickeln.[10] Denn »*Identität kann nicht bedeuten, eine Sichtweise auf Kosten aller anderen zu verabsolutieren. Identität erweist sich gerade im Ertragen von Spannungen.*«[11]

Eine solche Konzeption umzusetzen bedeutet allerdings stets, den eigenen Unterricht in Frage zu stellen; eine Integration von Geschlechtergeschichte in die herkömmliche Geschichte bewirkt in letzter Konsequenz eine Änderung der »allgemeinen« Geschichte, weil sie die Normen und Werte der »männlichen« Geschichtsschreibung in Frage stellt. Das Dilemma dieses Ansatzes wird an dieser Stelle deutlich: Selbst wenn Lehrerinnen diesen Umdenkungsprozeß vollziehen, kann eine tatsächliche Verwirklichung der Idee der Geschlechtergeschichte im Geschichtsunterricht an Staatsschulen vorläufig nur konkrete Utopie bedeuten, da die Bildungspläne (noch) nicht den benötigten Spielraum eröffnen. Es gilt deshalb zu überlegen, wo Platz für eine partielle Umsetzung der Geschlechtergeschichte gegeben ist, das heißt wo die Einbeziehung der Kategorie Geschlecht zur Erklärung historischer Prozesse sinnvoll, nötig, eventuell sogar unumgänglich erscheint.

Neben der Schwierigkeit, Geschlechtergeschichte mit dem Bildungsplan zu vereinbaren, muß in Zusammenhang mit der Umsetzung im Geschichtsunterricht noch eine weitere Rahmenbedingung genannt werden, die zu Problemen führen kann: Der koedukative Unterricht. Wir

haben bisher bewußt die Chancen, die sich aus dieser Konzeption ergeben können, auch für Jungen formuliert. Denn nicht nur Mädchen leiden
unter ihrer geschlechtstypischen Rollenzuweisung. Jungen neigen allerdings – aufgrund ihrer geschlechtstypischen Sozialisation – besonders
in der Adoleszenz, in der sie ihre Identität als Mann suchen, dazu, sich
der Beschäftigung mit Frauen und den als »weiblich« typisierten Er-
scheinungsformen zu verweigern. Wer im Unterricht der Sekundarstufe I frauentypische Themen behandelt hat, wird diesen »Ärger« schon
erlebt haben. Störungen, Abwertungen, lächerlich machende Bemerkungen sind nicht nur für die Lehrerin belastend, sondern beeinträchtigen
auch die Auseinandersetzung der Mädchen mit dem Thema. Als Aus-
weg aus diesem Dilemma ergibt sich die Möglichkeit, daß sich Jungen
wie Mädchen in geschlechtshomogenen Gruppen mit ihrer eigenen Geschlechtsidentität in der Beschäftigung mit entsprechenden Fragestellungen auseinandersetzen.[12]

Im koedukativen Unterricht erfordert dies, neue methodische Wege
zu gehen: Gruppen-, Projekt- und Freiarbeit (mit unterschiedlichen Aufgabenstellungen für Mädchen und Jungen) können dazu beitragen, diesen Anspruch zu verwirklichen. Natürlich sollen Jungen nicht davon
»freigesprochen« werden, sich mit Frauen in der Geschichte zu beschäftigen.

Langfristig muß allerdings angestrebt werden, die Möglichkeit zu
schaffen, daß die Koedukation partiell aufgehoben werden kann. Dies
bedeutet keine Wiedereinführung von Mädchen- und Jungenschulen,
sondern die spontane Trennung von Mädchen und Jungen zu gegebe-
nem Anlaß – je nach Thema und Altersstufe sowie Klassensituation.[13]

3. Konkretisierung anhand des Themas Frauenarbeit

Nach den vorangestellten Überlegungen stellt sich jetzt konkret die Frage, welche Möglichkeiten aufgrund der Unterrichtsmaterialien und der
Bildungspläne den Lehrenden für die Umsetzung geschlechtergeschichtlicher beziehungsweise additiver Ansätze zur Verfügung stehen.

Die Fragestellung erfordert eine nähere Betrachtung der didaktischen
Materialien. Neueste empirische Untersuchungen zur der Methoden-
vielfalt im Unterricht zeigen nach wie vor ein weitgehendes Methoden-

monopol zugunsten des Frontalunterrichts, der sich überwiegend auf das Schulbuch stützt. Die neuen Bildungspläne für Real- und Hauptschulen Baden-Württembergs versuchen zwar durch neue Schwerpunktsetzung in der Unterrichtsgestaltung dem Methodenmonopol massiv entgegenzuwirken: Selbständiges, praktisches Lernen, Individualisierung und Differenzierung sowie fächerübergreifendes Lernen stehen im Vordergrund, was letztlich eine völlige Umorientierung in der methodischen Vorgehensweise fordert. Bislang werden aber dennoch überwiegend Frontalunterricht praktiziert und kognitive Lernziele favorisiert. Lehrerinnen und Lehrer, die sich umstellen, sind noch in der Minderzahl. Um also den Status Quo der Geschlechtergeschichte nicht nur auf wissenschaftlicher Ebene deskriptiv darzustellen, sondern seine Umsetzung in der Didaktik beziehungsweise dem Schulalltag aufzuzeigen, ist eine Analyse der gegenwärtigen Schulbücher und der Bildungspläne unumgänglich.

Hierbei erscheint es uns nicht sinnvoll, die Präsenz geschlechtergeschichtlicher Aspekte allgemein zu eruieren, sondern anhand eines bestimmten Themenschwerpunktes zu beleuchten. In Anlehnung an die zweite Tagung des Netzwerks Frauen & Geschichte Baden-Württemberg e.V., bei der die Thematik: Geschlecht – Macht – Arbeit im Vordergrund stand, entschieden wir uns für den Themenschwerpunkt *Frauenarbeit*. Von der aktuellen Lebenssituation arbeitender Frauen leiteten wir die Frage nach der Relevanz ab.

Interessant ist hierbei, wie heute das Berufsbild der Mädchen aussieht: Ist es Zufall, daß auch heute Frauen in weit höherem Maße von Arbeitslosigkeit bedroht sind, als ihre männlichen Kollegen?

An dieser Stelle soll kurz an die Lage der Arbeiterinnen in den neuen Bundesländern erinnert werden. Der Anteil der von Arbeitslosigkeit betroffenen Frauen liegt mit 19,6 Prozent (Januar 1993) fast doppelt so hoch wie der der Männer (elf Prozent).[14] Dies ist darauf zurückzuführen, daß Frauen häufig in den vom Abbau am stärksten in Mitleidenschaft gezogenen Wirtschaftsbereichen tätig sind, zum Beispiel in der Textil- und Bekleidungsindustrie. Ebenso sind sie auf den weniger qualifizierten Posten vom Rationalisierungsprozeß am stärksten betroffen.

Frauen wählen oft Berufe, die später besser mit Familie zu vereinbaren sind. Inwieweit die Emanzipation an der Arbeitsteilung im Haushalt

Veränderungen erzielte, zeigt eine Umfrage des Bundesministeriums für Frauen und Jugend.[15] Hierbei wurde deutlich, daß Hausarbeit immer noch vorwiegend als Frauenarbeit verstanden wird. Über 70 Prozent der Befragten ordnen Putzen und Kochen den Frauen zu. Auch kann sich heute in weiten Teilen der Bevölkerung das Bild des Mannes als Versorger im Gegensatz zur Frau als Kindererzieherin und Haushaltsführende noch weitgehend halten.

Beruf und Ausbildung sind für die Lebensperspektive der Mädchen und Jungen relevant und lebensbestimmend. Auf deren adäquate Darbietung im Geschichtsunterricht muß also besonders Wert gelegt werden.

Die Darstellung von Frauenarbeit im Geschichtsunterricht muß hierbei aus zwei unterschiedlichen, sich ergänzenden Perspektiven untersucht und kritisch hinterfragt werden. Zum einen ist ihre strukturgeschichtliche Behandlung im Unterricht Grundvoraussetzung, um Erklärungsansätze und Lösungsstrategien für die aktuelle Problematik zu erhalten. So ist eine kritische Reflexion der Geschlechtsstereotypisierung nur aufgrund von Kenntnissen der tradierten oder sich verändernden gesellschaftlichen Strukturen möglich. Das heißt untersucht werden muß, inwiefern die Geschichtsdidaktik durch die Darstellung oder auch Nichtdarstellung der Frauenarbeit in ihren jeweiligen historischen Zusammenhängen noch heute gültige Stereotypisierungen, wie zum Beispiel das Bild des Mannes als Familienernährer beziehungsweise das der Frau als Haushaltsführende und Kinderbetreuerin, transportiert oder aber in Frage stellt.

Zum anderen wird Frauenerwerbsarbeit aus ereignisgeschichtlichem Blickwinkel lediglich im Zusammenhang mit der einsetzenden Industrialisierung im 19. Jahrhundert thematisiert. Hier findet sie sich sogar explizit im Lehrplan wieder.[16] Bei diesem Zugang muß die Darstellung der Frauenarbeit selbst auf Konnotationen und Attributierungen untersucht werden. Interessant ist dabei die Überlegung, welche gesellschaftliche Wertung heute der Frauenerwerbstätigkeit zukommt und ob diese womöglich aus der didaktischen Aufbereitung resultiert. Die Darstellung der Frauenarbeit im 19. Jahrhundert, das sei bereits vorweggenommen, zeigt exemplarisch die Reduzierung geschlechtergeschichtlicher Aspekte im Geschichtsunterricht.

Analyse von Schulbüchern

Barbara Duden[17] weist darauf hin, daß sich die Darstellung der geschlechtsspezifischen Arbeitsteilung im traditionellen Geschichtsunterricht fast ausschließlich auf die menschliche Ursituation konzentriert.[18] So werden für die Zeit der Urgeschichte Kochen, Spinnen, Nähen und Sammeln als frauenspezifische Tätigkeiten dargestellt. Eine weitere Differenzierung der Arbeitsbereiche geschieht dann aber ausschließlich als Reduzierung der Wahrnehmung auf die männliche Berufssphäre. Selbst im neuen Bildungsplan ist ausschließlich die Rede vom »Bauern in der Jungsteinzeit«[19] oder von den »Metallgießern und Händlern in der Metallzeit«.[20] In allen weiteren Epochen wird es im Bildungsplan und in den Schulbüchern still um die Frauenarbeit. Selbst in den Vorgaben für das Mittelalter sucht man vergebens nach der Behandlung weiblicher Arbeit oder der Darstellung, wie Frauen aus den Zünften hinausgedrängt wurden. Erst bei der Abhandlung des 19. Jahrhunderts begegnen die Schülerinnen und Schüler völlig unvermittelt der »durch die Industrialisierung bedingten Frauenarbeit«.[21]

Bedenklich ist die dadurch implizierte Aussage, Frauen hätten seit der Steinzeit als Arbeitskraft keine Rolle gespielt, sprich Frauenarbeit sei ein Novum des 19. Jahrhunderts. Verschleiert wird somit, daß Frauen in allen Epochen durch ihre Arbeit einen wesentlichen Beitrag zum Lebensunterhalt leisteten.

An diesem Beispiel zeigt sich deutlich, daß sich das Thema »Frauenarbeit« mit einem Einschub wie zum Beispiel »Frauenerwerbstätigkeit während der Industrialisierung« zwar untersuchen läßt, daß aber seine durchgängige gleichwertige Beleuchtung durch alle Epochen von weit größerem Nutzen, ja unumgänglich ist. Nur so kann vermieden werden, daß gängige Stereotype, dem Mann »Erwerbstätigkeit« und der Frau »Haushalt« zu attribuieren, durch die Geschichtsdidaktik verfestigt werden. So könnte also die Neugestaltung des Themas »Frauenarbeit« im Geschichtsunterricht und der damit verbundenen Verdeutlichung sich wandelnder oder gleichbleibender gesellschaftlicher Strukturen zur Entlarvung tradierter stereotypisierter Geschlechtsbilder beitragen, indem der Arbeit von Frauen in allen Epochen *der* Platz eingeräumt wird, der ihr zukommt.

Betrachten wir nun in einem zweiten Schritt die Darstellung der »Frauenarbeit im 19. Jahrhundert« in ereignisgeschichtlicher Sicht. Wie schon erwähnt muß hierzu eine nähere Betrachtung der Schulbücher erfolgen.

In der fachdidaktischen Literatur zur sozialen Frage des 19. Jahrhunderts finden sich überwiegend Beschreibungen der Lebenssituation von Arbeitern der Unterschicht, ihrer Rechte, Arbeitsweisen und schließlich der Beginn ihrer Organisierung. In manchen Fällen werden am Rande die Lebensbedingungen ihrer Familien erwähnt, insbesondere die Verhinderung eines »traditionellen« Familienlebens. Dabei setzte sich das heute als »traditionell« bezeichnete Familienleitbild erst in der Epoche der Industrialisierung durch, indem das bürgerliche Familienmodell Vorbild für andere soziale Schichten wurde.[22] Hier wird deutlich, daß heutige Maßstäbe in geschichtliche Prozesse projiziert werden und damit falsche Aussagen über die Vergangenheit gemacht sowie heutige Stereotype angewendet werden. Daß sich darüber hinaus die Lage der Arbeiterin doch deutlich von der des Arbeiters unterschied, daß die geschlechtsspezifische Problematik von Frauen der Zeit bereits als »Frauenfrage« erkannt und in Diskussion gebracht wurde und bürgerliche und proletarische Frauen die Mißstände politisierten, sucht man in den Schulbüchern meist vergebens.

Auch die halbe Million Frauen, die zwischen 1890 und 1914 in zahlreichen Frauenvereinen organisiert waren und sich aktiv mit der Frauenfrage auseinandersetzten, fallen in den gängigen Geschichtsbüchern unter den Tisch. Vorläuferinnen der ersten Frauenbewegung wie Caroline Schlegel-Schelling, Rahel Varnhagen oder auch Bettina von Arnim, also Frauen des Vormärz, bis hin zu den führenden Persönlichkeiten der bürgerlichen und proletarischen Frauenbewegung, setzten sich für die verbesserte Lage der Frauen beziehungsweise Arbeiterinnen ein. Leider wird dieses Kapitel der Frauengeschichte in der Didaktik weitgehend übersehen. Auch wird die Darstellung von Frauenarbeit auf die Fabrikarbeiterin reduziert. Arbeitende Frauen in der Landwirtschaft oder in häuslichen Diensten, Heimarbeiterinnen sowie Frauen, die in Handel und Verkehr beschäftigt waren, werden nicht gesondert genannt. Es bleibt also jeder Lehrerin selbst überlassen, diese Differenzierung vorzunehmen. Da aber weder Quellen noch Materialien angeboten werden, begnügt man sich im Alltag meist mit der Reduzierung auf Fabrikarbeiterinnen.

Weitere didaktische Schwerpunkte, die eingebracht werden könnten, sollen hier in fragmentarischer Weise angeboten werden:

- das Problemfeld Arbeiterin – Arbeiter,
- der Stellenwert der Arbeiterin in der proletarischen Familie,
- die Wertorientierung der Frau beziehungsweise Familie,
- die Herausbildung der bürgerlichen Familienideologie,
- die bürgerliche Frauenarbeit.

Daraus ergibt sich die Möglichkeit, die Diskrepanz zwischen möglicher Lebensweise und den herrschenden Werten durch die Anpassung an das bürgerliche Familienverständnis zu thematisieren:

- Zukunftsperspektiven und Überbewertung der männlichen Ausbildung auf Kosten der weiblichen Ausbildung,
- Darstellung der unterqualifizierten Frauenerwerbstätigkeit und deren provisorischer Charakter,
- Das Verhältnis von Berufsperspektive und Familieneingebundenheit,
- Einstellungen der Gesellschaft zur Frauenerwerbstätigkeit,
- die jugendliche Industriearbeiterin / das Mädchen »aus gutem Hause«,
- die staatlich reglementierte Prostitution.

In einer Untersuchung der gängigen Geschichtsbücher haben wir Schulbücher an Real- und Hauptschulen Baden-Württembergs auf diese Fragestellungen hin näher betrachtet. Hierbei ergab sich folgendes Bild:

Von den 23 untersuchten Schulbüchern[23] gingen lediglich drei Bücher näher auf Frauenarbeit und zum Teil auf die Frauenbewegung ein, jedoch mit Mängeln in den Inhaltsbereichen wie auch in der Zuordnung zur Gesamtproblematik.[24] Wir möchten in aller Kürze auf die Bücher eingehen, die positiv in ihrer Darstellung waren:

In dem Geschichtsbuch »Geschichtsstunde«[25] wird der Frauenarbeit ein eigenständiges Kapitel eingeräumt. Thematisiert wird auch die Doppelbelastung durch Familie und Beruf, früher und heute. Leider wird die berufstätige Frau in der Gegenwart wieder an einem frauenspezifischen, schlecht bezahlten Beruf, dem der Krankenschwester verdeutlicht.

In »Geschichte heute«[26] werden neben Industriearbeiterinnen auch Frauen in anderen Erwerbszweigen dargestellt, ebenso werden hier Aspekte der Frauenbewegung thematisiert. Gelungen ist die Darstellung der Frauenerwerbsarbeit, da nicht sie selbst, sondern ihre Bedingungen negativ gewertet werden. Bei der Behandlung der Lösungsversuche der sozialen Frage werden dann aber die Forderungen der Frauenbewegung nicht weiter berücksichtigt. Am ausführlichsten berichtet »Entdecken und Verstehen«.[27] Hier finden sich sowohl unterschiedliche Forderungen der Frauenbewegung, Auseinandersetzungen zwischen bürgerlicher und proletarischer Frauenbewegung mit Kurzdarstellungen ihrer Hauptvertreterinnen, als auch eine umfangreiche Darstellung der Frauenerwerbsarbeit. Positiv ist die Verdeutlichung der Doppelbelastung: »Die Männer sahen sich weiterhin als Haupternährer und waren meistens nicht bereit, sich an der Hausarbeit und Kinderbetreuung zu beteiligen«.[28]

Der Inhalt des Kapitels ist gut aufgearbeitet, zu bemängeln ist nur die Stellung des Kapitels im Gesamtaufbau. Die Einheit steht kontextlos nach der Abhandlung der »Industrialisierung«, ja sogar hinter der jeweils abschließenden Zusammenfassung und lädt somit »zum Überspringen aus Zeitgründen« ein.

Auch die überarbeitete Ausgabe von »Entdecken und Verstehen«, Band 2, die nach der Lehrplanrevision erschien, ist uns als herausragendes Beispiel aufgefallen. Frauenarbeit, Frauenbewegung und der politische Kampf um das Frauenwahlrecht werden hier auf neun Seiten ausführlich dargestellt und in den Zusammenhang mit dem gesellschaftlichen Wandel des 19. Jahrhunderts gebracht.

Abgesehen von diesen Geschichtsbüchern erweisen sich die restlichen 20 Bücher als unzulänglich und einseitig. Häufig findet sich »Frauenarbeit« unter dem übergeordneten Kapitel der »Kinderarbeit« und wird nicht gesondert untersucht. Die Darstellungen beschränken sich auf die katastrophalen Arbeitsbedingungen oder Frauenarbeit wird gar nicht thematisiert.

Resümierend läßt sich festhalten, daß in fast allen Geschichtsbüchern Frauenarbeit negativ konnotiert ist. In weiten Teilen finden wir Frauenarbeit als Verstärkungsfaktor der geschilderten Mißstände. Auch durch den immer wiederkehrenden Terminus »Frauen- und Kinderarbeit« bekommt Frauenarbeit eine negative Wertung. Kinderarbeit, soweit ist man sich heute einig, ist illegal, wird strafrechtlich verfolgt und ist in vielen Ländern ein noch nicht gelöstes Problem. Der Terminus »Frauen- und Kinderarbeit« stellt die Frauenarbeit somit auf die gleiche Stufe. Frauenarbeit, also etwas Illegales? Natürlich nicht – aber vielleicht doch etwas unnatürliches, gesellschaftlich Sanktioniertes?

Sprachkritisch betrachtet wäre für die Zukunft höhere Sensibilität oder ein reflektierterer Gebrauch der Begriffe durchaus wünschenswert.

Solange die Geschichtsdidaktik die Frauenerwerbsarbeit als das eigentliche Übel versteht, wird sich an heutigen Einstellungen von Seiten der Schülerinnen und Schüler wenig ändern können. Frauenerwerbsarbeit etwa als einen emanzipatorischen Schritt zu begreifen, für den sich führende Frauenrechtlerinnen stark machten, da sie die erste Stufe zur ökonomischen Unabhängigkeit darstellte, ist für die untersuchten Schulbücher völlig undenkbar.

Erst wenn Mädchen und Jungen erkennen können, daß Frauen zu allen Zeiten gearbeitet haben und Frauenarbeit von Seiten der Frauen für alle Schichten gefordert wurde, können Mädchen und Jungen reflektierte Entscheidungen treffen beziehungsweise Stereotype erkennen und hinterfragen.

4. Perspektiven

Das Bild, das sich anhand der von uns dargestellten Überlegungen ergibt, erscheint in einem düsteren Licht. Welche Perspektiven haben Lehrerinnen trotz der gegebenen Bedingungen?

Auf der einen Seite muß versucht werden, Frauen in den Ausführungen des Unterricht konsequent mitzudenken, das heißt in einem ersten Schritt additiv aufzunehmen, da sie bislang schlicht übersehen wurden.

Identifikationsmodelle für Mädchen *und* Jungen müssen integriert werden. Hierbei darf man es aber nicht bewenden lassen. Wie bereits am Beispiel der Frauenerwerbstätigkeit im 19. Jahrhundert gezeigt wurde, besteht die Gefahr, heutige Geschlechtsrollenstereotype unreflektiert zu transportieren.

Auf der anderen Seite sollten die gegebenen Handlungsspielräume, die der Lehrplan trotz allem bietet, voll ausgeschöpft werden, um Geschlecht als soziale Kategorie lebendig werden zu lassen. Das bedeutet, sich bei jeder zu konzipierenden Lehrplaneinheit immer wieder aufs Neue zu fragen, ob geschlechtergeschichtliche Elemente in den Unterricht eingebracht werden können. Denn nur so kann Geschichtsunterricht zur selbstbestimmten und reflektierten Geschlechtsidentitätsbestimmung von Schülerinnen und Schülern beitragen.

Wie so oft, müssen auch hier bildungspolitische Veränderungen von der Basis eingefordert werden. Einen Beitrag dazu will der Arbeitskreis Didaktik und Vermittlung leisten.

Susanne Jenisch

»Frauen & Geschichte Baden-Württemberg«

Zur Notwendigkeit, Geschichte und Aufgabe des Netzwerks

Wer die Geschichtsschreibung und -vermittlung betreibt, besitzt eine gesellschaftliche Definitionsmacht, die bis heute weitgehend männlich besetzt ist. Frauen sind hier unterrepräsentiert.« Aus dieser einleitenden Feststellung in einem Beitrag zum Selbstverständnis des Netzwerks »Frauen & Geschichte Baden-Württemberg« ergibt sich als grundsätzliche Zielsetzung »die gleichrangige Partizipation von Frauen an der Geschichtsschreibung und -vermittlung«. Der Ausschluß von Frauen aus gesellschaftlichen Definitions- und Vermittlungsprozessen beeinflußt auch deren Inhalte. Die Aufgabe, die sich das Netzwerk gestellt hat, umfaßt deshalb beide Aspekte des Verhältnisses von »Frauen« und »Geschichte«: Zum einen die Förderung von historisch arbeitenden Frauen aller Disziplinen im universitären wie im außeruniversitären Bereich, zum anderen die Verankerung der historischen Frauen- und Geschlechterforschung an den wissenschaftlichen und kulturellen Institutionen des Landes.

Die traditionellen Institutionen der Geschichtsforschung, -schreibung und -vermittlung haben sich bisher von den Ergebnissen der historischen Frauenforschung recht wenig aus den eingefahrenen Gängen bringen lassen. Bis heute, nach immerhin fast zwanzig Jahren historischer Frauenforschung, werden deren Inhalte immer noch fast ausschließlich von Frauen erarbeitet, rezipiert und gelehrt.

Geschichtsforschung und -schreibung sind vor allem an den Universitäten angesiedelt, außerdem gehören sie in einem gewissen Umfang zum Aufgabenspektrum historischer und kulturgeschichtlicher Museen sowie von Archiven. Geschichtsvermittlung dagegen ist an erster Stelle die Angelegenheit der allgemeinbildenden Schulen sowie der Einrichtungen der Erwachsenenbildung und des Kulturbereichs. Diese Institutionen unterscheiden sich stark voneinander, sowohl was ihre Einbindung in gesellschaftliche Diskurse betrifft, als auch in politische und administrative Strukturen – Bildung ist Sache der Länder, Kulturarbeit fällt an erster Stelle in die kommunale Zuständigkeit –, auch haben sie zum Teil nur wenig Berührungspunkte. Dies hatte und hat einerseits Auswirkungen darauf, in welchem Umfang die Fragestellungen und Ergebnisse der historischen Frauen- und Geschlechterforschung in den verschiedenen Institutionen vertreten sind und führt andererseits zu erheblichen regionalen Unterschieden.

Daß sich der Schwerpunkt der Frauengeschichtsbewegung zunächst in autonomen Projekten außerhalb der etablierten Institutionen entwickelte, war aber nicht nur eine Folge der Ignoranz und Abwehrhaltung dieser Einrichtungen gegenüber den Intentionen der historischen Frauenforschung, sondern auch ein Resultat der Einbindung der Frauengeschichtsforschung in die Neue Frauenbewegung und deren Skepsis gegenüber jeglicher Institutionalisierung. Zudem ermöglichte diese Ungebundenheit die Entwicklung neuer Formen von Geschichtsarbeit, mit denen der Anspruch verwirklicht werden sollte, Forschung und Vermittlung zu verbinden und die Ergebnisse frauenpolitisch nutzbar zu machen.

Trotz der teilweise immer noch ambivalenten Haltung in der Frage der Institutionalisierung läßt sich inzwischen in der Frauengeschichtsbewegung eine Entwicklung beobachten, die von Ute Frevert als Übergang von der »Bewegungs- zur Systemphase«[1] bezeichnet wurde.

Im baden-württembergischen Wissenschaftsbetrieb ist die Institutionalisierung und Etablierung der Frauenforschung und der Forschung zu Frauen- beziehungsweise Geschlechtergeschichte im besonderen auf dem Wege der nicht unumstrittenen[2] Einrichtung von speziellen Frauenforschungsprofessuren bisher nicht weit gediehen. Während sich in anderen alten Bundesländern in dieser Hinsicht vor allem seit Anfang der neunziger Jahre einiges getan hat, konnten in Baden-Württemberg lediglich an der Universität Tübingen zwei entsprechende Stellen eingerichtet werden, von denen bisher aber keine besetzt ist.[3] Dabei handelt es sich um eine Stelle im Bereich Literaturwissenschaft und um eine Stiftungsprofessur in Soziologie. Als Lichtblick muß bereits der Lehrauftrag zur Frauen- und Geschlechtergeschichte erscheinen, der zum Wintersemester 1994/95 an der Universität Stuttgart eingerichtet wurde.

Frauengeschichtsforschung findet an den Universitäten im »Ländle« immer noch vornehmlich im postgraduierten Bereich und im Mittelbau statt, zumal hier das Schwergewicht weiblicher Beschäftigung liegt.[4] Als Beispiel sei das Ludwig-Uhland-Institut für Empirische Kulturwissenschaft der Universität Tübingen genannt. Es wurde 1995 mit dem von der Universität Tübingen erstmalig und bisher auch einmalig in Baden-Württemberg vergebenen Frauenförderpreis für beispielhafte Förderung von Studentinnen und Wissenschaftlerinnen ausgezeichnet. Begründung war, daß seit 1988 alle freigewordenen Stellen des Instituts mit Frauen besetzt wurden. Aber, und damit relativiert sich der schöne Schein, dabei handelt es sich um befristete bezwiehungsweise Mittelbaustellen. Die solchermaßen qualifizierten Frauen wandern dann, mangels entsprechender Arbeitsmöglichkeiten im Land, schließlich in andere Bundesländer ab.

Trotz dieser eher negativen Bilanz der universitären Situation befindet sich die Frauengeschichtsarbeit in Baden-Württemberg, insbesondere auch was die Vermittlung der gewonnenen Ergebnisse betrifft, in einer Phase des Aufschwungs und Aufbruchs. Denn außerhalb des traditionellen Wissenschaftsbetriebs läßt sich in den letzten Jahren eine Ausweitung feministischer »Geschichtspraxis« beobachten, die durch das Zusammenwirken von zwei Entwicklungen begünstigt wurde.

Zum einen gewann seit Ende der siebziger Jahre ein neuer Ansatz in der Geschichtswissenschaft an Bedeutung, die Hinwendung zu einer lebensweltlichen, subjektorientierten Analyse historischer Prozesse, die deren Akteure nicht nur als Opfer von Strukturen und gesellschaftlichen Prozessen betrachtete, sondern nach den Bedingungen ihres Handelns und Lebens fragte. Damit wurde der Blick auch auf kleinräumige Verhältnisse gelenkt und eine Zunahme an Lokal- und Regionalstudien war die Folge. Die spezifische Perspektive dieser »Alltagsgeschichte«[5] als

»Geschichte von unten«, die besonders die Lebensverhältnisse bis dahin wenig beachteter und unterprivilegierter Bevölkerungsgruppen ins Auge faßte, korrespondierte deshalb mit den Anliegen der Neuen Frauenbewegung, die sich ihrerseits auf die Suche nach der Geschichte von Frauen begeben hatte. Dies war Teil von umfassenderen Demokratisierungstendenzen und -bestrebungen im Kulturbetrieb, die in Formeln wie »Kultur für alle« kulminierten und auch die Institutionen erfaßten, die traditionellerweise auf Geschichte und ihre Interpretation ausgerichtet waren, wie Museen, Archive und so weiter. Die anfänglich eher von Initiativen wie Geschichtswerkstätten und ähnlichen getragene Bewegung wurde schnell institutionalisiert, und lokale und regionale Geschichtsforschung und -präsentation erlebte im Rahmen von Museumsneugründungen, Ausstellungen, neu erarbeiteten Stadt- und Ortsgeschichten vor allem in den achziger Jahren einen immensen Aufschwung.

Zum zweiten hatte zwischenzeitlich ein Prozeß seinen Anfang genommen, der als erfolgreicher Gang von qualifizierten Frauen durch die Institutionen bezeichnet werden könnte – also von Frauen, die während ihrer Ausbildung sei es als Studentinnen oder als Doktorandinnen selbst Frauenforschung betrieben haben oder zumindest mit den Inhalten der Frauenforschung in Berührung kamen.

Die Verschränkung beider Entwicklungen hat eine verstärkte und vielfältige Beschäftigung mit der Geschichte von Frauen zur Folge. Viele dieser Frauen stehen mittlerweile in der Praxis des Berufslebens und besetzen die im Rahmen oben geschilderter Entwicklung entstandenen Stellen,[6] teilweise auch in leitender Position, und sind bereit, die Ergebnisse der Frauen- und Geschlechterforschung in die Aufgabenstellungen ihrer unterschiedlichen Arbeitsfelder zu integrieren. Daraus ergibt sich dann ein vielfältiges Zusammenwirken von kommunalen Kultureinrichtungen wie Museen, Archiven, Kulturämtern, Bibliotheken, Volkshochschulen, Familienbildungsstellen und von autonomen Frauengeschichtsprojekten, die in unterschiedlicher und vielfältiger Weise Frauen- und Geschlechtergeschichtsforschung betreiben beziehungsweise deren Ergebnisse in Ausstellungen, Publikationen, Vorträgen, Lesungen, Seminaren, Veranstaltungsreihen oder ähnlicher Form der Öffentlichkeit zugänglich machen.[7]

Die bisherige Erfahrung zeigt, daß für solche Kooperationen wie auch für eine kontinuierliche Frauengeschichtsarbeit auf lokaler Ebene insbesondere die Initiative und Unterstützung der örtlichen Frauenbeauftragten wichtig sind und es ermöglichen, der Frauengeschichte einen größeren Stellenwert in der herrschenden bürgerlichen Öffentlichkeit zu verschaffen. So konnte 1995, anläßlich des 50. Jahrestages des Endes des Zweiten Weltkriegs, in Stuttgart, Mannheim und Karlsruhe die Situation von Frauen im Nationalsozialismus und bei Kriegsende in Ausstellungen, Symposien und Vorträgen entweder in eigenen Veranstaltungsreihen oder im Rahmen der allgemeinen städtischen Veranstaltungen aufgearbeitet und dargestellt werden.[8]

Ein großer Teil der Mittel, mit denen die außeruniversitär betriebene Frauengeschichtsforschung finanziert wird, stammt aus dem »Förderprogramm Frauenforschung« des Ministeriums für Familie, Frauen, Weiterbildung und Kunst, das 1989 ins Leben gerufen wurde. Das Förderprogramm hat seitdem zahlreiche Einzelprojekte mit unterschiedlichem Umfang unterstützt,[9] darunter auch einige sehr umfangreiche historische Untersuchungen.[10]

Doch trotz dieser vor dem Hintergrund des Ausgangszustandes durchaus positiven Entwicklung bleibt zu konstatieren, daß es eine große Zahl mehr, meistens jedoch weniger freiwilliger »freier« Frauenforscherinnen gibt, die ohne feste Anstellung, auf der Basis von Stipendien, befristeten Verträgen oder von kleineren Einzelaufträgen ihre Forschungsarbeit leisten. Ohne die Anbindung an eine Institution lassen sich die für eine fruchtbare Arbeit notwendigen und konstruktiven Diskussionszusammenhänge aber nur mit wesentlich größerem Aufwand herstellen. Dasselbe Problem haben die aufgrund der administrativen Strukturen in der Regel unverbunden nebeneinander stehenden kommunalen Stellen im Kulturbereich. Da berufliche Zusammenschlüsse und Interessensverbände üblicherweise entlang von Tätigkeitsbereichen, wie etwa Museum, Archiv oder Schule, und nicht nach den bearbeiteten Inhalten entstehen, was sich teilweise auch in den entsprechenden Vereinigungen der Frauengeschichtsbewegung widerspiegelt, reproduziert sich darin die Abgrenzung der einzelnen Arbeitsfelder voneinander. Von Empfindlichkeiten belastet ist die Beziehung zwischen universitärer Frauenforschung und außeruniversitärer Forschung und

Geschichtspraxis. Und ganz besonders nachteilig wirkt sich die bisherige Abkopplung der größten Vermittlungsinstanz von Geschichte, der Schule, von den Diskursen der historischen Frauen- und Geschlechterforschung aus. Obwohl in jüngster Zeit auch an den Schulen in Baden-Württemberg einiges in Bewegung gekommen ist, besteht gerade hier großer Bedarf an gegenseitigem Austausch. Die Vernetzung von Frauen, die in all diesen unterschiedlichen Arbeitsfeldern mit Geschichte zu tun haben, ist deshalb ein ganz zentrales Anliegen des Netzwerks. Darin liegt auch seine besondere Qualität.

Anläßlich der ersten, 1991 von der Landeszentrale für politische Bildung organisierten Tagung zur Frauenforschung in Baden-Württemberg wurde deshalb die Gründung eines Netzwerks als notwendig erachtet.

Diese Forderung, die 1993 im Rahmen der Tagung »Standpunkte – Ergebnisse und Perspektiven der Frauengeschichtsforschung in Baden-Württemberg«[11] von den Tagungs-Teilnehmerinnen nochmals aufgegriffen und konkretisiert worden war, konnte schließlich im Herbst 1994 in die Tat umgesetzt werden. Am 18. September 1994 wurde das Netzwerk »Frauen & Geschichte Baden-Württemberg e.V.« mit Sitz in Tübingen gegründet. Die Arbeit des Netzwerks konzentriert sich auf die fachspezifischen Probleme historisch arbeitender Frauen im universitären und außeruniversitären Bereich und umfaßt gemäß der Satzung folgende Schwerpunkte:

- Die Veranstaltung regelmäßiger Tagungen soll in diesem Zusammenhang ein Forum des fachlichen Austausches schaffen. Die interdisziplinäre Diskussion soll sich hier innerhalb der »historischen Disziplinen« vollziehen: von der Archäologie über die Geschichte bis zur Volkskunde oder zu den historisch forschenden Abteilungen anderer Fächer. Sie soll Forscherinnen an den Universitäten in den Diskurs um die Weiterentwicklung historischer Frauen- und Geschlechterforschung ebenso einbeziehen wie die Praktikerinnen in Museen, Archiven und in den Institutionen der Bildung und Weiterbildung.

- Durch Publikation der Tagungsbeiträge , -diskussionen und -ergebnisse soll dazu beigetragen werden, die wissenschaftlichen Leistungen von Frauen öffentlich darzustellen.

- Der Aufbau einer Datenbank historisch arbeitender Frauen Baden-Württembergs soll die Kommunikation zwischen einzelnen Wissenschaftlerinnen und Institutionen fördern beziehungsweise überhaupt zum ersten Mal systematisch ermöglichen.

Der Vorstand setzt sich entsprechend dem interdisziplinären, statusübergreifenden und wissenschaftspolitischen Selbstverständnis des Netzwerks aus Repräsentantinnen der Institutionen beziehungsweise Gruppierungen Museum, Universität, Archiv, freie Forschung, autonome Projekte und der Schule zusammen. Um die unterschiedlichen Problemlagen in den vielfältigen Arbeitsfelder historisch arbeitender Frauen gezielt angehen zu können, haben sich Arbeitskreise zu folgenden Themen gebildet:

1. Arbeitskreis »Vorstand, Tagungsvorbereitung und Öffentlichkeitsarbeit«,
2. Arbeitskreis »Hochschule – Frauen- und Geschlechtergeschichte«,
3. Arbeitskreis »Zusammenarbeit mit etablierten Verbänden«,
4. Arbeitskreis »Didaktik und Vermittlung«,
5. Arbeitskreis »Von Geschichte leben«,
6. Arbeitskreis »Lokalgeschichte«,
7. Arbetskreis »Museum«.

Der Erfolg der bisherigen Tagungen und die seit der Gründung kontinuierlich erfolgenden Eintritte in den Verein belegen das große Interesse an der historischen Frauen- und Geschlechterforschung in Baden-Württemberg und den Bedarf an einer Vernetzung von interdisziplinär historisch arbeitenden Frauen im Land.

Anfragen an die Geschäftsstelle des Vereins: Frauen & Geschichte Baden-Württemberg e.V., c/o BAF e.V., Wöhrdstraße 25, 72072 Tübingen, Telefon (0 70 71) 36 93 49

Adressen und Literatur zur Frauengeschichte in Baden-Württemberg

Das Feministische Archiv e. V.
Adlerstr. 12, 79098 Freiburg im Breisgau

Stuttgarter Frauenmuseum e. V.
c/o Sibylle Oßwald-Bargende, Geißlerstraße 8, 70435 Stuttgart

Frauengeschichtswerkstatt Reutlingen
c/o Frauenzentrum, Planie 22, 72764 Reutlingen

Netzwerk Frauen & Geschichte Baden-Württemberg e. V.
c/o BAF e. V., Wöhrdstraße 25, 72072 Tübingen

Bildungszentrum und Archiv zur Frauengeschichte Baden-Württembergs (BAF) e. V.
Wöhrdstr. 25, 72072 Tübingen

Tübinger Frauengeschichtsverein e. V.
c/o Ute Deitler, Fuchsstraße 68, 72072 Tübingen

Beispiele für Publikationen zur Frauengeschichte in Baden-Württemberg

Asche, Susanne / Guttmann, Barbara / Hochstrasser, Olivia / Schambach, Sigrid / Sterr, Lisa: Karlsruher Frauen 1715–1945. Eine Stadtgeschichte. Karlsruhe, Badenia Verlag 1992.
Bluhm, Gabriele: Frauenwege. Ein historischer Stadtrundgang durch Heilbronn. Heilbronn, Leitstelle zur Gleichstellung der Frau 1993.

Bönisch, Monika: Opium der Armen. Lottospiel und Volksmagie im frühen 19. Jahrhundert. Eine Fallstudie aus Württemberg. Tübingen, Silberburg-Verlag 1994.

Börchers, Kirsti / Blocherer, Svenja:»Ulmer Frauen haben eine Geschichte. Von tatkräftigen und klugen Frauen; nicht über Udinen, Donauweibchen und physische Merkwürdigkeiten – sondern von tatkräftigen und klugen Frauen!«. Mössingen-Talheim 1992.

Bormann, Regina: Arbeiterinnen und Arbeiter beim Eisenbahnbau im Raum Schwäbisch Hall um 1860. Eine Kulturanalyse. Tübingen, Silberburg-Verlag 1994.

Breucker, Dorothee / Ingendahl, Gesa: Blickwinkel. Leben und Arbeit von Frauen in Ravensburg. Ein historisches Lesebuch. Tübingen, Silberburg-Verlag 1993.

Bühler, Susanne: Gift für den Gatten. Ein Stuttgarter Mordfall im 19. Jahrhundert. Tübingen, Silberburg-Verlag 1995.

Frauenbeauftragte der Stadt Mannheim u.a. (Hrsg.): Stadt ohne Frauen? Frauen in der Geschichte Mannheims. Mannheim, Edition Quadrat 1993.

Frauengeschichtswerkstatt Reutlingen (Hrsg.): Reutlinger Weibs-Bilder. Dokumentation zur Ausstellung. Reutlingen, Frauengeschichtswerkstatt 1992.

Glaser, Edith / Stiefel, Susanne: Zwischen Waschzuber und Wohltätigkeit. Tübinger Frauengeschichte(n) im 19. und frühen 20. Jahrhundert. Tübingen, Frauenbeauftragte und Kulturamt 1991.

Jenisch, Susanne (Hrsg.): Standpunkte. Ergebnisse und Perspektiven der Frauengeschichtsforschung in Baden-Württemberg. Tübingen, Silberburg-Verlag 1993.

Koss, Thea: Kindesmord im Dorf. Ein Kriminalfall des 18. Jahrhunderts und seine gesellschaftlichen Hintergründe. Tübingen, Silberburg-Verlag 1994.

Lixfeld, Gisela / Schmidt, Christine (Hrsg.): Trotz Fleiß kein Preis? Frauenalltag in Schramberg 1867–1992. Katalog zur Ausstellung vom 23.8. bis 30.9.1992 anläßlich des 125-jährigen Stadtjubiläums. Schramberg, Stadtmuseum Schramberg 1992.

Phillips, Sigrid (Hrsg.): Realitäten. Ergebnisse und Perspektiven der Frauenforschung in Baden-Württemberg. Tübingen, Silberburg-Verlag 1994.

Preim, Karin / Rosenfeld, Edda: Gut behütet – streng bewacht. Tübinger Dienstmädchen nach der Jahrhundertwende. Katalog zur gleichnamigen Ausstellung. Tübingen, Universitätsstadt Tübingen 1992.

Stadt Pforzheim, Leitstelle zur Gleichstellung der Frau (Hrsg.): Spurensuche durch die Geschichte von Frauen in Pforzheim. Eine Stadtführung, verfaßt von Barbara Guttmann. Pforzheim, Stadt Pforzheim 1990.

Stadt Pforzheim, Leitstelle zur Gleichstellung der Frau (Hrsg.): Bedeutende Frauen in Pforzheim. Eine Stadtführung, verfaßt von Barbara Rudin. Pforzheim, Stadt Pforzheim 1991.

Riepl-Schmidt, Maja: Wider das verkochte und verbügelte Leben. Frauen-Emanzipation in Stuttgart um 1800. Tübingen, Silberburg-Verlag 1990.

Stuttgarter Frauenmuseum e.V.: Stuttgart für Frauen. Entdeckungen in Geschichte und Gegenwart. Hrsg. von der Gleichstellungsstelle und dem Amt für Touristik der Landeshauptstadt Stuttgart. Stuttgart, Silberburg-Verlag 1992.

Anmerkungen

Sylvia Paletschek: Einleitung

1 Dies war bereits die zweite größere Tagung zur historischen Frauenforschung in Baden-Württemberg. Im Sommer 1993 war eine erste Arbeitstagung zur historischen Frauenforschung, die in Bad Urach in der Landeszentrale für politische Bildung stattgefunden hatte, auf großen Anklang gestoßen. Auf dieser Uracher Tagung wurde die Gründung eines Netzwerks zur Frauengeschichte beschlossen. Die Tagungsergebnisse sind dokumentiert in Jenisch, Susanne (Hrsg.): Standpunkte. Ergebnisse und Perspektiven der Frauengeschichtsforschung in Baden-Württemberg (Reihe Frauenstudien Baden-Württemberg, hrsg. von Christel Köhle-Hezinger, Bd.1), Tübingen 1993.

2 Zu den Ergebnissen der Uracher Tagung siehe Jenisch, Susanne / Kaschuba, Gerrit / Maurer, Susanne: Einleitung. In: Jenisch, Susanne (Hrsg.): Standpunkte, Seite 11.

3 Nach Abschluß der Vorträge wurden in verschiedenen Arbeitsgruppen Themenfelder, die sich aus den Diskussionen ergeben hatten, vertieft. Folgende Arbeitsgruppen bildeten sich: »Didaktik und Vermittlung«, »Gegenwartsbezug und politisches Handeln«, »Forschung und Frauenbewegung« sowie »Wie verändert sich Macht in bestimmten historischen Situationen?«.

4 So wurden als »Eigenschaften, die zur Macht verhelfen« folgende Nennungen gebündelt: Beharrlichkeit, Leidensfähigkeit, Selbstdarstellung, schlechtes Gewissen, Opferbereitschaft, Erfindungsgeist, Wille zur Macht, Skrupellosigkeit, Rücksichtslosigkeit, Ehrgeiz, Gebärfähigkeit, Unterordnung. Als »Instrumente zur Macht« wurden genannt: Intrige, schlechtes Gewissen, Willkür, Mord, Gift, Konkurrenz, Sexualität, Unterordnung, Strategie, Kalkül.

5 Zur Definition von Macht und Herrschaft siehe den Beitrag von Sylvia Schraut in diesem Band. Die weiteren Ausführungen zu Macht als männlichem Paradigma im folgenden nach Dumont du Voitel, Waltraud: Macht und Entmachtung der Frau. Eine ethnologisch-historische Analyse, Frankfurt 1994, besonders Seite 284–288, hier Seite 286.

6 Ebenda, Seite 288.

7 Davis, Natalie Zemon: Frauen, Politik und Macht. In: Farge, Arlette / Davis, Natalie Zemon (Hrsg.): Geschichte der Frauen. Bd.3: Frühe Neuzeit, Frankfurt 1994, Seite 189–206, hier Seite 206.

8 Ebenda.

Sylvia Schraut: Frauen und Macht

1 Zur »alten« Frauengeschichtsschreibung: Davis, Natalie Zemon: Gesellschaft und Geschlechter, in: dies.: Frauen und Gesellschaft am Beginn der Neuzeit, Berlin 1986, Seite 117–132.

2 Kuhn, Anette: Das Geschlecht eine historische Kategorie? Gedanken zu einem aus der Geschichtswissenschaft verdrängten Begriff, in: Brehmer, Ilse, u.a. (Hrsg.): Frauen in der Geschichte IV, Düsseldorf 1983, Seite 29–50, hier: Seite 33.

3 Evans, Richard J.: Feminismus als Forschungskonzept, Anmerkungen für die Praxis, in: Joeres, Ruth-Ellen B. / Kuhn, Anette (Hrsg.): Frauen in der Geschichte VI, Düsseldorf 1985, Seite 35–48, hier Seite 45.

4 Schmidt, Uta: Vom Rand zur Mitte, Zürich 1994. Seite 22.

5 Vergleiche Bock, Gisela: Chanching Dichotomies, Perspektives on Women's History, in: Offen, Karen u.a. (Hrsg.): Writing Women's History. International Perspectives, Hong Kong 1991, Seite 1 – 23.

6 Vergleiche als Literaturberichte und Stellungnahmen zum Forschungsstand in zeitlicher Reihenfolge beispielsweise: Bock, Gisela: Historische Frauenforschung: Fragestellungen und Perspektiven, in: Hausen, Karin (Hrsg.): Frauen suchen ihre Geschichte, München 1983, Seite 22–59; Lindgren, Uta: Wege der historischen Frauenforschung, in: Historisches Jahrbuch 109, (1989), Seite 211–219; letztere in erster Linie unter dem Gesichtspunkt, wie sehr man der Frauengeschichte ihre Verbindung mit der Frauenbewegung noch immer übel nimmt; Kuhn, Anette: Frauengeschichtsforschung. Zeitgemäße und unzeitgemäße Betrachtungen zum Stand einer neuen Disziplin, in: Aus Politik und Zeitgeschichte, B34–35, (1990) Seite 3–15; Frevert, Ute / Wunder, Heide / Vanja, Christina: Historical Research on Women in the Federal Republic of Germany, in: Offen, Karen u.a.(Hrsg.): Writing Women's History. International Perspectives, Hong Kong 1991, Seite 291–331; Leuker, Maria-Theresia: »Geschlecht« als Forschungskategorie in neueren Studien zur Geschichte der frühneuzeitlichen Niederlande, in: Westfälische Forschungen 4, (1991), Seite 488–494. 1991 kamen Beate Fieseler und Birgit Schulze in ihrer Einleitung zum Forschungsüberblick – Frauengeschichte gesucht – gefunden? – zum Ergebnis:»Im Gegenteil, während bis vor kurzen noch der Mangel an Tradition und Grundlagenwerken die größten Schwierigkeiten aufwarf, scheint neuerdings die Menge und Vielfalt von Studien, mit frauenhistorischen Fragestellungen selbst Probleme zu bereiten. Wie die Erfahrung auch in anderen Bereichen zeigt, führt das Streben nach Durchblick zunächst einmal eher zu Unübersichtlichkeit.« Fieseler, Beate / Schulze, Birgit (Hrsg.): Frauengeschichte gesucht – gefunden, Köln 1991, Seite 1. Vergleiche des weiteren Frevert, Ute: Entwicklungen, Sackgassen und Perspektiven historischer Frauenforschung, in: Jenisch, Susanne (Hrsg.): Standpunkte, Ergebnisse und Perspektiven der Frauengeschichtsforschung in Baden-Württemberg, Tübingen 1993, Seite 13–24; Paletschek, Sylvia: Das Dilemma von Gleichheit und Differenz. Eine Auswahl neuerer Forschungen zur Frauengeschichte zwischen Aufklärung und Weimarer Republik, in: Archiv für Sozialgeschichte 33, (1993), Seite 548–569, Ulbrich, Claudia: Frauen- und Geschlechtergeschichte, Teil I: Renaissance, Humanismus und Reformation, in: GWU 3, (1994), Seite 109–120.

7 So Langewiesche, Dieter: Sozialgeschichte und Politische Geschichte, in: Schieder, W./ Sellin, V. (Hrsg.): Sozialgeschichte in Deutschland I, Göttingen 1986, Seite 9–33, hier Seite 9.

8 Das Spektrum divergierender Ansichten hierzu ist nach wie vor groß.»Frauenge- schichte ist somit in erster Linie gleichbedeutend mit einer Sozialgeschichte der Frau- en innerhalb des breiten Verständnisses der Geschichtswissenschaft als einer histori- schen Sozialwissenschaft«, so Kuhn (1990), Seite 3; aber auch sie warnt vor einer vorschnellen Einordnung der Frauengeschichte in die Sozialgeschichte. Eine zuneh- mende Aufwertung der Kategorie Geschlecht im Rahmen der Sozialgeschichte findet sich beispielsweise auch bei Kocka schon 1988:»Vieles spricht dafür, daß neben den sozialen Klassenunterschieden zwischen Produktionsmittelbesitzern und Lohnarbei- tern die Geschlechterdifferenz zu diesem konstitutiven Ungleichheitssockel bürgerli- cher Gesellschaften gehört.« Jürgen Kocka: Vorwort, in: Frevert, Ute (Hrsg.): Bürge- rinnen und Bürger, Göttingen 1988.

9 Vergleiche Bock (1983), Seite 40ff.

10 So Kuhn (1983), Seite 29.

11 Kuhn (1990), Seite 3.

12 Schmidt, Seite 174.

13 Wierling, Dorothee: Keine Frauengeschichte nach dem Jahr 2000! in: Jarausch, Konrad H. / Rüsen, Jörn / Schleier, Hans (Hrsg.): Geschichtswissenschaft vor 2000, Hagen 1991, Seite 440–456, hier: Seite 445f.

14 Frevert (1993), Seite 16.

15 Ebenda, Seite 20.

16 Ebenda.

17 Bereits 1976 forderte Natalie Zemon-Davis:»Es sollte zur zweiten Natur für Historiker – gleich was sein oder ihr Spezialgebiet ist – werden, die Konsequenzen des Ge- schlechts ebenso bereitwillig zu berücksichtigen wie etwa die der Klassenzugehörig- keit [...] Besonders wichtig ist aber, daß die Forschung über die Geschlechter dazu beitragen sollte, einige der zentralen Themen der Historiker zu überdenken – Macht, Sozialstruktur, Eigentum, Symbole und Periodisierung der Geschichte.« Davis, Nata- lie Zemon: Gesellschaft und Geschlechter, in: dies.: Frauen und Gesellschaft am Be- ginn der Neuzeit, Berlin 1986, Seite 117–132, hier: Seite 127. Der 1986 in deutscher Sprache veröffentlichte Aufsatz war 1976 unter dem Titel Women's History in Tran- sition: The European Case, in: Feminist Studies, III, 1976, Seite 83 – 103 erschienen. Anette Kuhn formulierte 1983 beispielsweise:»Erst von dieser Annahme einer dem Kapitalismus immanent notwendigen, durch eine Ideologie einer naturgegebenen geschlechtsspezifischen Arbeitsteilung allerdings verdeckten, dualen Ökonomie der neuzeitlichen Gesellschaft aus läßt sich die Ausgrenzung des weiblichen Geschlechts als historisch-soziale Kategorie in der neuzeitlichen Geschichte begreifen und zugleich eine theoretische Diskussion um die neuzeitliche Frauengeschichte ohne ideologische Verengung führen.« Kuhn (1983), Seite 47. So stellvertretend für andere 1994 Schmidt: »Zentraler Punkt der Theorieproblematik ist die Fassung von Geschlecht als histori- sche Kategorie. Seit den siebziger Jahren ist – zunächst im anglo-amerikanischen Diskussionskontext – Geschlecht als soziale, kulturelle, politische und historische Struktur – und Bewegungskategorie eingeführt worden. Auch führende bundesrepu-

blikanische Historikerinnen sehen die kategoriale Bedeutung von Geschlecht.«
Schmidt, Seite 22.

18 Vergleiche Kocka, Jürgen: Kontroversen um Frauengeschichte, in: ders.: Geschichte und Aufklärung, Göttingen 1989, Seite 45–52.

19 Mit Klasse und Geschlecht im 19. Jahrhundert beschäftigte sich eine Sektion des Historikertags 1990. Die positive Bedeutung diesbezüglicher kombinatorischer Zugänge betont Kathleen Canning: »Klasse und Geschlecht stellen einander ständig in Frage, was eine immerwährende Destabilisation und Redefinition von Politik, Selbstverständnis und Aktionen zur Folge hat.« Canning, Kathleen: Geschlecht als Unordnungsprinzip, in: Schissler, Hanna (Hrsg.): Geschlechterverhältnisse im historischen Wandel, Frankfurt 1993, Seite 139–163, hier: Seite 157.

20 Vergleiche Schissler, Seite 9–36.

21 Ebenda, Seite 14.

22 Ebenda, Seite 9.

23 Zedler, Großes vollständiges Universallexikon, Halle 1739, Bd. 19, Artikel »Macht«.

24 Zedler, a.a.O., Bd. 8, Artikel »Ehestand«.

25 Ebenda.

26 Weber, Max: Wirtschaft und Gesellschaft, 5. rev. Auflage, Tübingen 1972, Seite 28f.

27 Ebenda, Seite 28.

28 Ebenda, Seite 541.

29 Ebenda, Seite 122.

30 Ebenda, Seite 542.

31 Borries benennt 1985 als Frauengeschichtsforschungsthemen: Weibliche Beiträge und Ergänzungen zur allgemeinen (Männer) Geschichte, Frauenbewegungen und Widerstandsformen in der Geschichte, Frauenlage und Frauenleben in der Geschichte, Feministische Theoriemodelle und Gesamtdeutungen zur allgemeinen Männer- und Frauengeschichte, Borries, Bodo von: Forschen und Lernen an Frauengeschichte-Versuch einer Zwischenbilanz, in: Joeres, Ruth-Ellen B. / Kuhn, Anette (Hrsg.): Frauen in der Geschichte VI, Düsseldorf 1985, Seite 49–89, hier: Seite 55f. Zu den wenigen Arbeiten, die sich explizit mit Frauen und Macht beschäftigen gehört Liebertz-Grün, Ursula: Women and Power: On the Socialization of German Noblewomen 1150–1450, in: Monatshefte Vol.82/1, (1990), Seite 17–37.

32 Sehr anregend: Goody, Esther: Warum die Macht rechthaben muß: Bemerkungen zur Herrschaft eines Geschlechts über das andere, in: Lüdtke, Alf (Hrsg.): Herrschaft als soziale Praxis, Göttingen 1991, Seite 67–112, hier: Seite 67.

33 So stellvertretend für andere: Fester, Richard / König, Marie E.P. / Jonas, Doris F. / Jonas, A. David (Hrsg.): Weib und Macht. Fünf Millionen Jahre Urgeschichte der Frau, Frankfurt 1979. Das generelle Forschungsdesiderat in »Machtfragen« auch in der Ethnologie betont Greifeld, Katarina: Macht, Autorität und Einfluß, in: Anthropos, 87, 1/3, (1992), Seite 200–205; neu und anregend: Dumont du Voitel, Waltraud: Macht und Entmachtung der Frau, Frankfurt 1994.

34 So beispielsweise in: Brunner, Otto / Conze, Werner / Kosselleck, Reinhard: Geschichtliche Grundbegriffe, Artikel Macht, Bd. 3, Stuttgart 1982, Seite 817–935.

35 Zur Diskussion der männlichen öffentlichen Macht in der Frauengeschichte, Bock (1983), Seite 37.

36 Stellvertretend für andere: Honegger, Claudia / Heintz, Bettina (Hrsg.): Listen der Ohnmacht, Frankfurt 1984.

37 Ausgelöst von Claudia Koonz' Abstempelung einer gesamten Generation von Frauen als Täterinnen, entbrannte Ende der achziger Jahre eine heftige Debatte um weibliche Opfer- und Täterschaft während des Nationalsozialismus; vergleiche die kurze Darstellung und die Literaturangaben bei Wierling, Seite 447ff.

38 So beispielsweise Rogers, Susan Carol: Female Forms of power and the myth of male dominance: a model of female/male interaction in peasant society, in: American Ethnologist 2, 4, (1975), Seite 727–756.

39 Dumont du Voitel, Seite 374.

40 Perrot, Michelle: Die Frauen, die Macht und die Geschichte, in: Corbin, Alain, Farge, Arlette, Perrot, Michelle (Hrsg.): Geschlecht und Geschichte, Frankfurt 1989, Seite 225–248, hier: Seite 230f.

41 Ein Schwerpunkt bildet die Forschung über 1848/49 (z.B. Lipp, Carola (Hrsg.): Schimpfende Weiber und patriotische Jungfrauen. Frauen im Vormärz u. in der Revolution 1848–49, Tübingen 1986 oder Paletschek, Sylvia: Frauen und Dissens. Frauen im Deutschkatholizismus und in den freien Gemeinden, Göttingen 1990) und die Entwicklugn der Frauenbewegung; vergleiche die genannte Literatur zur Frauenbewegung bei Fieeler, Schulze, Seite 65 – 74.

42 Vergleiche z.B. Hausen, Karin (Hrsg.): Geschlechterhierarchie und Arbeitsteilung, Göttingen 1993.

43 Hier scheint die Forschung über den Sprengkraft von »Klasse« und »Rasse« gegenüber »Geschlecht« zukunftsträchtig zu sein.

44 Veröffentlichung von Beiträgen des Treffens in: Dalhoff, Jutta / Frey Uschi / Schöll, Ingrid (Hrsg.): Frauenmacht in der Geschichte, Düsseldorf 1986.

45 Schmidt, Seite 176.

46 Lerner, Gerda: Unterschiede zwischen Frauen neu gefaßt, in: Schissler, Hanna (Hrsg.): Geschlechterverhältnisse im historischen Wandel, Frankfurt 1993, Seite 59–79, hier: Seite 60.
Zur Veranschaulichung wählt Gerda Lerner die amerikanische Südstaatengesellschaft vor dem Sezessionskrieg. Die rassistischen und wirtschaftlichen Privilegien der Frauen der weißen Oberschicht verhinderten in den Südstaaten eine mögliche Solidarisierung zwischen weißen und schwarzen Frauen gegen die herrschenden partriarchalen gesellschaftlichen Grenzziehungen. Klasse überlagerte hier eindeutig Geschlecht. »Weiße der unteren Klassen profitierten ausreichend vom Rassimus und (im Fall der Männer) vom Sexismus, so daß sie das System stützten, sogar angesichts offenkundiger ökonomischer und politischer Nachteile.« Rasse dominiere Klasse. Ebenda, Seite 68.

47 So die gesamten Beiträge in: Schissler oder Hall, Catherine: White, Male and Middle Class: Exploration of Feminism and History, Cambridge 1992. Vergleiche beispielsweise auch die anregenden Bemerkungen von Leonore Davidoff zur Bedeutung der neuen nationalen Bewegungen für das weibliche Geschlecht: Davidoff, Leonore: Gender, Class and Nation, in: History today, Vol. 42, 2 , (1992), Seite 49–53.

48 Das gewählte Beispiel entstammt der Quellenbasis des Projekts »Familie – Stand – Adelsherrschaft – Reich – Religion. Studien zu Weltbild und Selbstverständnis der

fränkischen Reichsritterschaft im Spannungsfeld von familiärer Chancensicherung, Herrschaftsdenken, Reichspatriotismus und Katholizität: Das Haus Schönborn 1646 – 1806«, das von der Volklswagenstiftung gefördert, an der Universität Mannheim unter der Leitung von Wolfgang von Hippel angesiedelt ist.

49 Stiftsfähigkeit = Durch Stammbaum in mehreren Generation nachgewiesene Abstammung aus der Reichsritterscahft, die als Voraussetzung für den etwaigen Eintritt in die mehrheitlich reichtsritterschaftlich besetzten Domstifter des Südwestens galt.

Urte Bejick: Zwischen Liebe und Vernunft

1 Hildegard von Bingen, Scivias – Wisse die Wege. Übersetzt von Walburga Storch. Freiburg/ Basel/ Wien 1991.

2 Hildegard von Bingen, Der Mensch in der Verantwortung. Das Buch der Lebensverdienste. Übers. Heinrich Schipperges. Salzburg 1972.

3 Hildegard von Bingen, Welt und Mensch. Das Buch »De Operatione Dei«. Aus dem Genter Kodex übers. und erläutert von Heinrich Schipperges. Salzburg 1965.

4 Hildegard von Bingen, Heilwissen. Von den Ursachen und der Behandlung von Krankheiten. Übers. Manfred Pawlik. Freiburg/ Basel/Wien. 1992.
»Scivias«, das »Liber Divinorum Operum« und Schriften zu Hildegards Biographie finden sich lat. in MPL 197.

5 Oehl, op.cit., Nr. 46.

6 Scivias, Seite 104f.

7 Heilwissen, Seite 46.

8 Welt und Mensch, Seite 66.

9 Heilwissen, Seite 70.

10 Scivias, Seite 138f.

11 Scivias, Seite 139.

12 Heilwissen, Seite 138.

13 Heilwissen, Seite 74.

14 Heilwissen, Seite 72.

15 Heilwissen, Seite 73.

16 Welt und Mensch, Seite 164.

17 Lautenschläger, op.cit., Seite 151.

18 Heilwissen, Seite 89f.

19 Heilwissen, Seite 172.

20 Heilwissen, Seite 137.

21 Scivias, Seite 120.

22 Scivias, Seite 35.

23 Scivias, Seite 36.

24 Scivias, Seite 107.

25 Scivias, Seite 239.

26 Heilwissen, Seite 120.

27 Scivias, Seite 28f.

28 Welt und Mensch, Seite 317f.

29 Christine de Pizan, Das Buch von der Stadt der Frauen. Übers. Margarete Zimmer-
   mann. München 1990.
30 Pizan, Seite 35.
31 King, op.cit., Seite 234; 261.
32 Pizan, Seite 37.
33 Pizan, Seite 38.
34 Pizan, Seite 55.
35 Pizan, Seite 56.
36 Pizan, Seite 56.
37 King, Seite 264.
38 Pizan, Seite 69.
39 Pizan, Seite 71.
40 Pizan, Seite 73.
41 Pizan, Seite 73.
42 Pizan, Seite 68.
43 Pizan, Seite 69.
44 Pizan, Seite 105.
45 Pizan, Seite 95.
46 Pizan, Seite 150.
47 Pizan, Seite 201–206.
48 Pizan, Seite 192f.
49 Pizan, Seite 225.
50 Pizan, Seite 226.
51 Pizan, Seite 235.
52 Pizan, Seite 286.
53 Pizan, Seite 287.
54 Pizan, Seite 286f.
55 Pizan, Seite 43f.
56 King, op.cit., Seite 268.

Franziska Roller: Hilfe als Herrschaft?

1 Hausen: Die Polarisierung der »Geschlechtscharaktere«
2 Bischoff: Frauen in der Krankenpflege, Seite 23.
3 Diese Entwicklung ist sehr aufschlußreich für die Frage, inwieweit Errungenschaften
   der Frauenbewegungen nicht bereits gemachte Zugeständnisse oder Forderungen
   von seiten der Gesellschaft sind, deren Durchsetzung weniger ein Erfolg als
   vielmehr das Vorantreiben einer bereits angelaufenen Entwicklung darstellt. Man
   könnte also Erfolge der Emazipation auch dahingehend interpretieren, daß sie dann
   erst durchsetzbar werden, wenn sie mit anderen gesellschaftlichen Interessen kom-
   patibel sind.
4 Vorläufige Vorschläge in betreff der Aussätzigen 1893. Archiv der Brüder-Unität,
   Herrnhut R.15. L.a.13 b.1.
5 Vergleiche hierzu auch Bischoff: Frauen in der Krankenpflege, Seite 70–79. Bischoff

zeigt, wie der Pflegeberuf im Lauf des 19. Jahrhunderts von der »ekelhatte[n] und schmutzige[n]« Arbeit der Unterschichten hin zum »heilige[n] und würdige[n] Geschäft« der bürgerlichen Frau umgewertet wird.

6 Kalpaka / Räthzel: Wirkungsweisen von Rassismus und Ethnozentrismus , Seite 78.

7 Missionsblatt der Brüdergemeine 64/1900/10, Seite 337. Hervorhebungen im Original.

8 Bechler: Dienende Liebe, Seite 44.

9 »Unsere lieben Schwestern haben es oft recht schwer mit ihren Kranken, und viel Geduld, Weisheit und Liebe ist nötig, um diese Aussätzigen zu pflegen. Aber doch hängen die Schwestern mit viel Liebe an ihren Pfleglingen und möchten nicht einen von ihnen missen. Sie leben mit ihnen wie treue Mütter mit ihren Kindern.« Missionsblatt der Brüdergemeine, 74/1910/5, Seite 159.

10 »Man kann sehr verschieden urteilen über das in Bethesda eingeführte System, wonach jede Schwester eine bestimmte Anzahl Kranke versorgt und wodurch die Schwester begreiflicherweise einen Einfluß auf ihre Kranken ausübt. Es hat diese Ordnung gewiß viele Nachteile, und besonders hat die neu eintretende Schwester keinen leichten Stand. Ich glaube aber, daß die Vorteile die Nachteile bei weitem überwiegen.« Missionsblatt der Brüdergemeine 70/1906/10, Seite 326 f.

11 Birgit Rommelspacher: Frauen in der Dominanzkultur, Seite 1.

12 Ein weiteres Modell zur Erklärung spezifisch weiblicher Verhaltensweisen als »Loyalität mit dem Mann und seiner Gesellschaft« (Einleitung in Thürmer-Rohr, Christina u.a., Studienschwerpunkt »Frauenforschung« am Institut für Sozialpädagogik der TU Berlin (Hrsg.): Mittäterschaft und Entdeckungslust. Berlin 1989, Seite 12) ist die von Christina Thürmer-Rohr entwickelte Mittäterschaftsthese, die dahingehend interessant ist, daß sie sich mit der Verantwortung der Frau in der Gesellschaft beschäftigt. Sie soll hier aber aus mehreren Gründen nicht weiter verfolgt werden. Zum einen verbindet sich mit dem Begriff der Mittäterschaft die juristische Konnotation von bewußter Tat. Dadurch rückt diese Wortschöpfung weniger eine gesellschaftliche Analyse ins Blickfeld, sondern moralische Kategorien von Schuldzuweisung, die mir in diesem Zusammenhang als wenig hilfreich erscheinen. Zum anderen verstärkt der Begriff des Mit-Tuns die patriarchale Rollenzuweisung der Frau als »Gehilfin« des Mannes, die keine Perspektiven eigenständigen Handelns enthält.

13 Missionsblatt der Brüdergemeine 74/1910/5, Seite 158.

14 Missionsblatt der Brüdergemeine 74/1910/5, Seite 158. Brief Saul an Bielke am 15.1.1926. Rijksarchief Utrecht, R 48, 891.

15 Schaps: Hysterie und Weiblichkeit, Seite 120–126.

16 Nach Bischoff: Frauen in der Krankenpflege, Seite 109. Bischoff führt hierzu den Bericht eines Chefarztes eines (katholischen) Mutterhauses an, demzufolge ein volles Drittel der Schwestern aufgrund von Überlastung herzmuskelkrank geworden war. Dazu kommen chronische Kreuz- und Rückenschmerzen, Uterus- und Vaginalsenkungen, Depressionen und Selbstmordraten von bis zu 24%.

17 Brief von Weigel an Bielke am 9.6.1927. Rijksarchief Utrecht, R 48, 891.

18 Brief Gertrud Padel und Theodor Schmidt an den Missionsdirektor Steinberg am 9.8.1929, Rijksarchief Utrecht, R 48, 711.

19 Brief Weigel an Bielke am 9.6.1927. Rijksarchief Utrecht, R 48, 891.

1 Lange, Helene: Die Frauenbewegung in ihren modernen Problemen. Berlin 1914, Seite 143.

2 Asche, Susanne u.a.: Karlsruher Frauen 1715–1945. Eine Stadtgeschichte. (=Veröffentlichungen des Karlsruher Stadtarchivs. Bd. 15) Karlsruhe 1992. Vergleiche auch Guttmann, Barbara: Der friedliche Krieg zwischen den Geschlechtern. Die Frauenbewegung im Großherzogtum Baden (Teil 1) und Asche, Susanne: Fürsorge und Emanzipation – oder Rassehygiene. Die Frauenbewegung im Großherzogtum Baden (Teil 2). In: Jenisch, Susanne (Hrsg.) Standpunkte. Ergebnisse und Perspektiven der Frauengeschichtsforschung in Baden-Württemberg. (=Frauenstudien Baden-Württemberg, Bd.1), Tübingen u. Stuttgart 1993, Seite 124–131 u. 132–142.

3 Meyer, Birgit: Die unpolitische Frau. Politische Partizipation von Frauen oder: Haben Frauen ein anderes Verständnis von Politik? In: Aus Politik und Zeitgeschichte. Beilage zur Wochenzeitung Das Parlament, B25–26, 1992, Seite 3–13, hier Seite 11 f.

4 Dieses Forschungsprojekt ist an das Stadtarchiv Karlsruhe angebunden und wird aus Mitteln des Frauenforschungsetats des Ministeriums für Familie, Frauen, Weiterbildung und Kunst Baden-Württemberg gefördert.

5 Kuhn, Annette (Hrsg.): Frauen in der deutschen Nachkriegszeit. Bd.1: Schubert, Doris: Frauenarbeit 1945–1949. (=Geschichtsdidaktik. Studien, Materialien, Bd. 21). Düsseldorf 1984. Kuhn, Annette / Schubert, Doris (Hrsg.): Frauen in der Nachkriegszeit und im Wirtschaftswunder 1945–1960. Frankfurt a. M. 1980.

6 Beyer, Jutta / Holtmann, Everhard: Auch die Frau soll politisch denken oder Die Politik des Herzens. Frauen und Frauenbild in der Kommunalpolitik der frühen Nachkriegszeit 1945–1950. In: Archiv für Sozialgeschichte. Bd. XXV (1985), S. 385–420.

7 Kuhn, Annette (Hrsg.): Frauen in der deutschen Nachkriegszeit. Bd. 2: Frauenpolitik 1945–1949. (= Geschichtsdidaktik. Studien, Materialien. Bd. 22)Düsseldorf 1986. Freier, Anna E. / Kuhn, Annette (Hrsg.): Das Schicksal Deutschlands lag in der Hand seiner Frauen. Frauen in der deutschen Nachkriegsgeschichte. (= Frauen in der Geschichte. Bd. V) Düsseldorf 1984.

8 Insbesondere Meyer, Sibylle / Schulze, Eva: Wie wir das alles geschafft haben. Alleinstehende Frauen berichten über ihr Leben nach 1945. München 1984. Dies.: Von Liebe sprach damals keiner. Frauenalltag in der Nachkriegszeit. München 1985.

9 Kolossa, Jan: Neubeginn oder Restauration? Frauenalltag und Frauenbewegung Hamburgs in den Gründungsjahren der Bundesrepublik Deutschland. In: Hagemann, Karen / Kolossa, Jan: Gleiche Rechte – Gleiche Pflichten? Der Frauenkampf für »staatsbürgerliche Gleichberechtigung«. Ein Bilder Lese-Buch zu Frauenalltag und Frauenbewegung in Hamburg. Hrsg. von der Landeszentrale für politische Bildung, Hamburg. Hamburg 1990, Seite 179–243.

10 Hoecker, Beate / Meyer-Braun, Renate: Bremerinnen bewältigen die Nachkriegszeit. Frauenarbeit, Frauenalltag, Frauenpolitik. Frauen in Bremen. Bremen 1988.

11 Zu nennen wären z. B. Bielefeld (Tatje), Bonn (Fuchs), Hannover (Jung / Scheitenberger, Richter), Kassel (Pitzschke), Kiel (Stüber), Krefeld (Lepsius), Magdeburg (Projekt Magdeburger Frauen machen Geschichte), Marburg (Langer), München (Krauss) und Münster (Heuvelmann / Hüppe).

12 Hauser, Andrea: Frauen für den Frieden – Politisches Handeln von Frauen in Stuttgart nach 1945. Magisterarbeit Univ. Tübingen (Empirische Kulturwissenschaften) 1984. Dies.: Alle Frauen unter einen Hut? – Zur Geschichte des Stuttgarter Frauenausschusses. In: Kuhn (Hrsg.), Frauen in der deutschen Nachkriegszeit, Bd. 2, Seite 102–109. Dies.: Frauenöffentlichkeit in Stuttgart nach 1945 – Gegenpol oder hilflos im Abseits? In: Freier / Kuhn, Seite 51–90.

13 Dies mag auch als Ausdruck für den Stand der historischen Frauen- und Geschlechterforschung in Baden-Württemberg, als Niederschlag einer bislang mangelnden Forschungsinfrastruktur gewertet werden.

14 Der Anfang nach dem Ende. Mannheim 1945–49. Text Christian Peters, Red. Michael Caroli. (= Sonderveröff. d. Stadtrachivs Mannheim, Nr. 12) Mannheim 1985, Seite 124 bis 132.

15 Glaunig, Christine / Petzold Frauke: Frieden, Freude, Eierkuchen? Frauenalltag in der Heilbronner Nachkriegszeit. Hrsg. von der Stadt Heilbronn, Leitstelle zur Gleichstellung der Frau. Heilbronn 1991.

16 Wischermann, Ulla / Schüller, Elke / Gerhard, Ute (Hrsg.): Frauenpolitik in Hessen 1945–1955. Frankfurt a. Main 1993.

17 Vergleiche auch das Vorwort Annette Kuhns in Fuchs, Susanne: Frauen bewältigen den Neuaufbau. Eine lokalgeschichtliche Analyse der unmittelbaren Nachkriegszeit am Beispiel Bonn. (= Bonner Studien zur Frauengeschichte. Bd. 1) Pfaffenweiler 1993.

18 Möding, Nori: Die Stunde der Frauen? Frauen und Frauenorganisationen des bürgerlichen Lagers. In: Broszat, Martin (Hrsg.): Von Stalingrad zur Währungsreform [...]. München 1988, Seite 619–647.

19 Frevert, Ute: Frauen auf dem Weg zur Gleichberechtigung – Hindernisse, Umleitungen, Einbahnstraßen. In: Broszat, Martin (Hrsg.): Zäsuren nach 1945. München 1990, Seite 113–130. Vergleiche Kuhn, Annette: 1945 – Versäumte Emanzipationschancen? Feministische Überlegungen zur Refamilialisierung nach 1945. In: Frauen in den neuen Bundesländern. Rückzug in die Familie oder Aufbruch zur Gleichstellung in Beruf und Familie? Hrsg. von der Friedrich-Ebert-Stiftung. Bonn 1991, Seite 17–43.

20 Metz-Göckel, Sigrid: Die zwei (un)geliebten Schwestern. Zum Verhältnis von Frauenbewegung und Frauenforschung im Diskurs der neuen sozialen Bewegungen. In: Beer, Ursula (Hrsg.): Klasse. Geschlecht. Feministische Gesellschaftsanalyse und Wissenschaftskritik. Bielefeld 1987, Seite 25–57.

21 Vergleiche Vorwort in: Kuhn (Hrsg.), Frauen in der deutschen Nachkriegszeit, Bd. 2.

22 Kuhn, Annette: Frauen suchen neue Wege der Politik. In: Dies., Frauen in der deutschen Nachkriegszeit, Bd. 2.

23 Zitiert nach Rupieper, Hermann-Josef: Bringing Democracy to the Frauleins. Frauen als Zielgruppe der amerikanischen Demokratisierungspolitik in Deutschland 1945 bis 1952. In: Geschichte und Gesellschaft 17 (1991), Seite 61–91, hier Seite 61. Woodhouse besuchte am 7. Juni 1946 auch Karlsruhe. BNN, 8. Juni 1948.

24 Vergleiche Roberts, Ulla: Starke Mütter – ferne Väter. Töchter reflektieren ihre Kindheit im Nationalsozialismus und in der Nachkriegszeit. Frankfurt am Main 1994.

25 Meyer, Birgit: Wenn ich gebraucht werde, dann bin ich da. Frauen in der Politik der Nachkriegszeit bis heute. In: Frankfurter Rundschau vom 27. 8. 1994. Vergleiche dies.: Hat sie heute denn überhaupt gekocht? Frauen in der Politik von der Nachkriegszeit

bis heute. In: Brückner, Margit / Meyer, Birgit (Hrsg.): Die sichtbare Frau. Die Aneignung der gesellschaftlichen Räume. (= Forum Frauenforschung, Bd. 7) Freiburg [1994], Seite 369–409, hier insbesondere Seite 380.

26 Karlsruhe wurde unmittelbar nach der Besetzung (zunächst durch die Franzosen, die am 7. Juli 1945 durch amerikanische Truppen abgelöst wurden) in 16 Verwaltungsbezirke eingeteilt. In jedem dieser Bezirke wurde ein Entnazifizierungsausschuß gebildet. Nach Erlaß des Gesetzes zur Befreiung von Nationalsozialismus und Militarismus am 5. März 1946 wurden Spruchkammern gebildet, die jedoch ebenso wie die vorhergehenden Ausschüsse nur wenige weibliche Mitglieder aufwiesen.

27 Stadtarchiv Karlsruhe (im Folgenden StAK), 1/H.–Reg./A 852. Protokoll der Bezirksvorsteher-Sitzung, 14. März 1946.

28 Ebenda. Protokoll der Bezirksvorsteher-Sitzung, 13. 9. 1945.

29 Die Frauenpolitik der Militärregierung wird ebenfalls im Rahmen dieses Projektes zu beleuchten sein. Vergleiche hierzu Rupieper.

30 StAK, 1/H.–Reg./A 2896.

31 StAK, 1/H.–Reg./A 2878, 2879, 2880, 2881, 2885, 2888.

32 StAK, 1/H.–Reg./A 2861.

33 Vergleiche Hoecker, Beate: Poltik: Noch immer kein Beruf für Frauen? In: Aus Politik und Zeitgeschichte. Beilage zur Wochenzeitung das Parlament B 9–10 (1987), Seite 3 bis 14.

34 StAK, 1/H.–Reg./A 2896.

35 Vergleiche auch Jäkl, Reingard: 1945 – eine politische Chance für Frauen?. In: Ich bin meine eigene Frauenbewegung. Frauen-Ansichten aus der Geschichte einer Großstadt. Hrsg. vom Bezirksamt Schöneberg. Berlin 1991, Seite 268–297, hier Seite 273.

36 Heymann, Lida Gustava: Das erste Wahlergebnis der deutschen Republik [1919]. In: Hering, Sabine / Wenzel, Cornelia (Hrsg.): Frauen riefen, aber man hörte sie nicht. Bd. 2. (= Schriftenreihe des Archivs der deutschen Frauenbewegung, Bd. 2) Kassel 1986, Seite 44 f.

Gerrit Kaschuba / Brigitte Furche: »Spieglein, Spieglein an der Wand ...?«

1 Assmann, Aleida: Erinnerungsräume. Zur kulturellen Konstruktion von Zeit und Identität. Habil. Schrift Heidelberg 1991; Assmann, Jan: Das kulturelle Gedächtnis. Schrift, Erinnerung und politische Identität in frühen Hochkulturen. München 1992.

2 Libreria delle donne di Milano: Wie weibliche Freiheit entsteht. Eine neue politische Praxis. Berlin 1988, Seite 131.

3 Muraro, Luisa: L'ordine simbolico della madre. Roma 1991.

4 Dudec, Anne: Frauenbilder. In Widersprüchen lernen – Widersprüche lernen. In: Cremer, Christa u.a.: Frauen in sozialer Arbeit: zur Theorie und Praxis feministischer Bildungs- und Sozialarbeit. Weinheim/München 1990, Seite 201–209.

5 Weitere Beispiele: Maria Caroline Bidlingmaier (1882–1917), Alice Rühle-Gerstel (1894–1943), Margarete Susmann (1874–1966), Cristina Trivulsio di Belgioioso (1808 bis 1871), Barbara Tuchmann (geb. 1912), Therese Albertine Luise von Jacob (Talvj, 1797–1870).

6 Wobbe, Theresa: Mathilde Vaerting (1884–1977): »Es kommt alles auf den Unterschied an (...) der Unterschied ist Grundelement der Macht«. In: Hahn, Barbara: Frauen in den Kulturwissenschaften: von Lou Andreas Salomé bis Hannah Arendt. München 1994.

7 Pusch, Luise: Berühmte Frauen. Kalender 1994. Frankfurt a.M. 1994.

Susanne Maurer: »The sunny side of the street ...«

1 Edschmid, Ulrike: »Was heißt Feminismus in der Schule« in: beiträge zur feministischen theorie und praxis 2/1978, Seite 82.

2 Das ist noch einmal Ulrike Edschmid im bereits genannten Text, Seite 83.

3 Cramon-Daiber / Jaeckel / Köster / Menge / Wolf-Graaf 1983, Seite 121.

4 Das hing sowohl mit der Ausschreibung im Programm der Akademie Bad Boll als auch mit einer Ankündigung in der GEW-Zeitung zusammen, wo jeweils der Untertitel der Tagung unter den Tisch gefallen war.

5 Die Rede von »Wissenschaftsprache als patriarchale Herrschaftssprache« war in diesem Zusammenhang von Bedeutung.

6 Damit geht in der Regel eine Ausblendung der eigenen aktiven Beteiligung an den komplexen gesellschaftlichen Macht-Beziehungen einher. Der mit einem solchen Denken verbundene implizite Verzicht auf den Status eines »bewußt handelnden Subjekts« stellt nicht nur feministische Theorie, sondern auch die Theoriebildung anderer oppositioneller Bewegungen vor gewisse Probleme. Denn wie soll aus passiven, ausschließlich unterdrückten Nicht-Subjekten der Geschichte plötzlich eine subversive oder revolutionäre gesellschaftliche Kraft werden? – Eine mögliche Strategie zur Auflösung dieses Dilemmas besteht beispielsweise darin, polarisierend zwischen »guter Macht« und »böser/schlechter Macht« zu unterscheiden.

7 Ich vernachlässige hier die – auf der Tagung ebenfalls zur Diskussion stehende – explosive Frage, ob »nur« Feministinnen Frauenforschung betreiben können/dürfen/sollen. – Indirekt nimmt mein Beitrag darauf durchaus Bezug. Dieses Thema ausdrücklich zu verhandeln hieße allerdings, ein weiteres Feld der Kontroverse zu eröffnen.

8 Zumindest die Wissenschaft im »herkömmlichen«, dominierenden Sinn.

9 Ich arbeite als Wissenschaftlerin innerhalb der Universität und bewege mich gleichzeitig forschend und politisch handelnd in »autonomen Frauenräumen« und »Frauen-Öffentlichkeiten«.

10 Selbstverständlich sind »außerhalb« und »innerhalb« äußerst relative Attribute oder Zuschreibungen – ich verwende sie hier in einer bestimmten Richtung, weil sich damit auch die gesellschaftlich dominierende Werte-Hierarchie andeuten läßt.

11 Es gibt selbstverständlich mehr als »zwei« Seiten!

12 So erklärt sich auch die 2. Überschrift: »Gibt es einen ›richtigen‹ und einen ›falschen‹ Feminismus in der Geschichtsforschung?«

13 Gerade feministische Frauen-Geschichts-Arbeit und auch wissenschaftliche Geschichtsforschung haben dazu beigetragen, diese Dimension in den Blick zu bekommen.

14 Feministische Denkerinnen in der Tradition der Kritischen Theorie und des Poststruk-
turalismus analysieren den Zusammenhang von »Identitätslogik« und Gewalt in Bezug auf die Geschlechterverhältnisse. Vernunft- und Erkenntniskritik in feministischer
Perspektive wird damit auch zur Selbstkritik, die sich immer wieder auf die eigenen
identitätslogischen Verfahren richten muß.

15 Dabei denke ich an verschiedene Dimensionen von Subjekt: erstens an das (bürgerliche) Subjekt der Erkenntnis und des Gesellschaftsvertrags, zweitens an das individuelle oder kollektive Subjekt der Geschichte und drittens an das Individuum als Subjekt
seiner – gesellschaftlich vermittelten – Lebensgeschichte und Biographie.

16 Diese Gefahr ist mit Identitätskonstruktionen im übrigen stets verbunden.

17 Vortrag von Maria Bitzan am 7. Februar 1992 in Mainz, »›Wenn zwei das gleiche
tun ...‹ – Handlungsspielräume von Frauen in der sozialen Arbeit«, veröffentlicht in:
Pädagogisches Institut der Johannes-Gutenberg-Universität Mainz (Hrsg.), »Auf ewig
in der zweiten Reihe? Frauen in Bildungs- und Sozialarbeit«, Mainz 1992.

18 Vergleiche Benjamin, Jessica: »Die Fesseln der Liebe. Psychoanalyse, Feminismus und
das Problem der Macht«, Frankfurt a. M. 1990.

19 Ich zitiere das Vortragsmanuskript, Seite 10.

20 Deutlich wurde beispielsweise ein »allgemeiner Wunsch nach Vereinigung« im Zuge
der Netzwerk-Gründung, die Sehn-Sucht nach Frauen-Bildern in der Geschichte und
einer damit verbundenen Tiefen-Dimension der eigenen Existenz durch die Verlänge-
rung in die Geschichte hinein; deutlich wurden auch die gegenseitigen Ansprüche –
und Wünsche! – aneinander: nach Versorgung, Harmonie, Perfektion / Vollkommenheit, Gleichheit.

21 Ich erinnere hier an den Beitrag von Franziska Roller, die dieses Moment an-
spricht.

Marion Aicher / Silke Lehmann:
Möglichkeiten und Grenzen der Umsetzung von Ergebnissen der historischen
Frauenforschung im gegenwärtigen Geschichtsunterricht.

1 Vergleiche Uffelmann, Uwe: Identitätsbildung und Geschichtsdidaktik, in: Aus Politik
und Zeitgeschichte, B41/94, Seite 14 f.

2 Schülerinnen und Schüler der Sekundarstufe I befinden sich in der Adoleszenz. Sie
sind in dieser Entwicklungsphase auf der Suche nach ihrer Geschlechtsidentität. Hier
kommt der Frauengeschichte eine besondere Bedeutung zu.

3 Vergleiche Bock, Gisela: Historische Frauenforschung: Fragestellungen und Perspektiven, in: Hausen, Karin: Frauen suchen ihre Geschichte, München 1983, Seite 27.

4 Einige fachdidaktischen Arbeiten fordern zwar die Einbeziehung frauengeschichtlicher Inhalte in die »allgemeine« Geschichte, halten diesen Anspruch aber nicht in
ihren Ausführungen durch. So z.B. die, in Lehrerinnenkreisen vielbeachtete Broschüre
Geschichte auch für Mädchen, hrsg. vom Ministerium für die Gleichstellung von
Mann und Frau der Landesregierung Nordrhein-Westfalen, (Nachdruck) 1992. Zur
ausführlichen Kritik an diesem Materialheft vergleiche Klewitz, Marion / Dehne,
Brigitte: Frauengeschichte – aber wie?, in: Unterschiede, 1991, Nr.1, Seite 45–51.

Es gibt aber auch Ausnahmen, vergleiche z.B.: Dehne, Brigitte: Geschichte – für Madchen und Jungen. Konzeption eines Geschichtsunterrichts, in dem Mädchen und Jungen sich gleichzeitig und gleichwertig mit Männern und Frauen in der Vergangenheit auseinandersetzen können, in: Niemetz, Gerold (Hrsg.): Vernachlässigte Fragen der Geschichtsdidaktik, Hannover 1992.

5 Fachdidaktische Literatur wird meist von Lehrerinnen und Lehrern aus der Praxis gemacht, da sie sonst als »nicht zu benützen« für den Unterricht gilt.

6 So werden zwar im »Erziehungs- und Bildungsauftrag« der Realschule sowie der Hauptschule gefordert, daß »sich Mädchen und Jungen bei aller Verschiedenheit als gleichberechtigt und gleichwertig wahrnehmen, indem ihre unterschiedlichen Lebenserfahrungen, Interessen und Bedürfnisse ernst genommen werden...« (Bildungsplan für die Realschule, Stuttgart 1994, Seite 10 sowie Bildungsplan für die Hauptschule, Stuttgart 1994, Seite 9) – im Bildungsplan der Realschule findet sich sogar noch eine weitergehende Forderung in Bezug auf das Fach Geschichte: »Die Lebenssituation von Frauen muß in allen geschichtlichen Zeitabschnitten berücksichtigt werden, damit verdeutlicht wird, daß sowohl Männer als auch Frauen an historischen Prozessen beteiligt sind« (ebenda, Seite 19) –, in den Lehrplänen für das Fach Geschichte werden diese Postulate in der verbindlichen Themenfestlegung für die Lehrplaneinheiten aber nicht in adäquater Weise eingelöst.

7 In diesem Sinne müssen auch die Ansätze in den neuen Bildungsplänen, besonders im Realschulbereich, als »erste Schritte« in die richtige Richtung positiv verzeichnet werden.

8 Wir halten besonders diese Konsequenz eines sich der additiven Frauengeschichte verpflichteten Geschichtsunterrichts für problematisch. Was bedeutet es für die Entwicklung der Geschlechtsidentität eines Mädchens, wenn sie von Frauen nur als »Verliererinnen« in einer von Männern beherrschten Geschichte erfährt? Unerläßlich bei einer Betrachtung der Frauen als »Opfer« von männlichen Interessen ist eine strukturgeschichtliche Betrachtungsweise.

9 Vergleiche Perrot, Michelle: Vorwort, in: Corbin, Alain / Farge, Arlette u.a.: Geschlecht und Geschichte. Ist eine weibliche Geschichtsschreibung möglich?, Frankfurt a. M. 1989, Seite 25 f.

10 Vergleiche Dehne, Brigitte: Geschichte – für Mädchen und Jungen..., a.a.O., Seite 85

11 Zitiert nach Uffelmann, Uwe: Identitätsbildung und Geschichtsdidaktik, in: Aus Politik und Zeitgeschichte, B 41/94, Seite 12.

12 Leider gibt es noch sehr wenig männergeschichtliche, sich dem geschlechtergeschichtlichen Ansatz verpflichtenden fachwissenschaftliche Publikationen.

13 Vergleiche zur Koedukationsdebatte (Auswahl): Hagemann-White: Sozialisation – Weiblich – männlich?, Opladen 1984; Hurrelmann u.a.: Koedukation – Jungenschule auch für Mädchen?, Opladen 1986; Enders-Dragässer, Uta/Fuchs, Claudia: Interaktionen der Geschlechter. Sexismusstrukturen in der Schule, Weinheim 1989; dies: Jungensozialisation in der Schule, Darmstadt 1989.

14 Bundesministerium für Frauen und Jugend (Hrsg.): Materialien zur Frauenpolitik, Bericht der interministeriellen Arbeitsgruppe »Frauenerwerbstätigkeit in den neuen Bundesländern«, Bonn 1993.

15 Die Umfrage wurde im Winter 1991 durch das Institut für Praxisorientierte Sozialfor-

schung (ipos) im Auftrag des Bundesministeriums für Frauen und Jugend durchgeführt.

16 Kl. 8; LPE 6, HS., Kl. 8; LPE 4, RS.

17 Näheres bei Duden, Barbara / Hausen, Karin: Gesellschaftliche Arbeit – geschlechtsspezifische Arbeitsteilung, in: Kuhn, Annette: Frauen in der Geschichte, Band 1, 1979.

18 Kl. 6; LPE 2, HS, Kl.7; LPE 2, RS.

19 Ebenda.

20 Ebenda.

21 Kl. 8; LPE 6, HS.

22 Vergleiche dazu schon Hausen, Karin: Die Polarisation der »Geschlechtscharaktere«. Eine Spiegelung der Dissoziation von Erwerbs- und Familienleben, in: Conze, Werner (Hrsg.): Sozialgeschichte der Familie der Neuzeit Europas. Neue Forschungen, Stuttgart 1976, Seite 367 – 393.

23 Die untersuchten Schulbücher sind zwischen 1974 und 1992 erschienen.

24 Aufgrund der Lehrplanrevision sind jetzt neue Geschichtsbücher erschienen. Allerdings sind die Schulbücher für das 8. Schuljahr (HS) noch im Druck und somit für uns nicht untersuchbar. Für unsere Analyse ergaben die vorliegenden neuen Schulbücher keine abweichenden Erkenntnisse. Im Realschulbereich rücken Frauen verstärkt ins Blickfeld, denn für Klasse 8 steht jetzt beispielsweise die Frauenbewegung als verbindliches Thema im Lehrplan. Die aufgezeigten Mängel im Gesamtaufbau bleiben aber auch hier im wesentlichen bestehen (rein additiver Ansatz). Ein Exemplar ist uns positiv aufgefallen. Erläuterungen hierzu finden sich im Text.

25 Buck, Hans-Peter u.a.: Geschichtsstunden, Stuttgart 1992.

26 Gerst, Hans M. u.a.: Geschichte heute, Hannover 1990.

27 Berger, Thomas: Entdecken und Verstehen, Frankfurt 1990.

28 Ebenda, Seite 126

Susanne Jenisch: Frauen und Geschichte Baden-Württemberg

1 Frevert, Ute: Historische Frauenforschung. In: Deutsche Forschungsgemeinschaft (Hrsg.), Sozialwissenschaftliche Frauenforschung in der Bundesrepublik Deutschland. Senatskommission für Frauenforschung, Mitteilungen 1, Berlin 1994, Seite 157–167, hier Seite 160.

2 Dazu Zentraleinrichtung zur Förderung von Frauenstudien und Frauenforschung an der FU Berlin (Hrsg.), Frauenforschungsprofessuren an deutschen Universitäten/Gesamthochschulen und Hochschulen, Berlin 1994, Seite 34–43, auch Carola Lipp, Frauenforschung und Frauenförderung. Probleme der Institutionalisierung. In: Sigrid Philipps (Hrsg.), Realitäten. Ergebnisse und Perspektiven der Frauenforschung in Baden-Württemberg, Tübingen 1994, Seite 16–30, hier Seite 28f.

3 Damit liegt Baden-Württemberg hinter Nordrhein-Westfalen mit 40, Berlin mit 13, Hessen mit 6, Bremen und Niedersachsen mit je 5 Frauenforschungsprofessuren zusammen mit Rheinland-Pfalz an sechster Stelle. Zentraleinrichtung zur Förderung von Frauenstudien und Frauenforschung an der FU Berlin (Hrsg.), Frauenforschungsprofessuren, Seite 40.

4 Eine Erhebung der Universität Freiburg im WS 1993/94 ergab, daß über 80 % der Frauen auf halben oder ganzen BAT-IIa- und C-1-Stellen sitzen, aber nur 50 % der Männer, Mittelbau-Erhebung der Universität Freiburg.

5 Die Auseinandersetzungen innerhalb der HistorikerInnen-Zunft über diese Entwicklung sind vielfach dokumentiert, eine kurze Darstellung der Diskussionen in: Hochstrasser, Olivia: Ein Haus und seine Menschen 1549–1989. Ein Versuch zum Verhältnis von Mikroforschung und Sozialgeschichte, Tübingen 1993, Seite 249ff.

6 Dies gilt besonders für den Museumsbereich, wo in den letzten Jahren vor allem auf kommunaler Ebene ein Professionalisierungsschub stattgefunden hat. Eine 1991 durchgeführte Umfrage ergab einen Anteil von 35 % Frauen unter den haupt- beziehungsweise nebenamtlichen MuseumsleiterInnen. Schraut, Elisabeth: Ergebnisse einer Umfrage zur Berufs- und Arbeitssituation von Männern und Frauen an den Museen Baden-Württembergs. In: Museumsblatt 7, 1992, Seite 10–14.

7 Ein sehr umfangreiches und finanziell gut ausgestattetes Projekt, das aus der Kooperation mehrerer kommunaler Stellen hervorging, und dessen Ergebnisse auch als Ausstellung präsentiert wurden, ergab die Publikation »Karlsruher Frauen 1715–1945. Eine Stadtgeschichte«. Hrsg. von der Stadt Karlsruhe, Karlsruhe 1992. Auch in Stuttgart, Mannheim Freiburg, Ravensburg usw. wurden entsprechende Publikationen veröffentlicht.

8 »Ich hätte so gerne noch gelebt, geliebt und gearbeitet«. Frauen zwischen den Republiken. Symposium am 28./29. April 1995, Veranstaltung der Frauenbeauftragten der Stadt Mannheim; »Nur Trümmerfrauen und Amiliebchen? Stuttgarterinnen in der Nachkriegszeit.« Ausstellung und Beiprogramm veranstaltet von der Frauenbeauftragten der Landeshauptstadt Stuttgart, dem Stuttgarter Frauenmuseum e.V. und der Bibliothek für Zeitgeschichte; »1945 – Zwischen Krieg und Frieden. 50 Jahre Kriegsende.« Veranstaltungen in Karlsruhe.

9 Zum Förderprogramm Gabriele Gloger-Tippelt. Frauenforschung in Baden-Württemberg. Realitäten und Wünsche aus der Sicht der »Förderkommission Frauenforschung«. In: Philipps, Sigrid (Hrsg.): Realitäten, Seite 10–15.

10 Auf ein aktuelle unterstütztes Projekt bezieht sich der Beitrag von Barbara Guttmann in diesem Band, ein anderes umfangreiches Projekt der historischen Frauenforschung wurde auf der Tagung »Standpunkte« 1993 in Urach vorgestellt, Jenisch, Susanne: »...und verzichten auf ihre weiblichen Freyheiten«. Aspekte der rechtlichen Stellung von Ehefrauen in Württemberg vom 16. bis zum 18. Jahrhundert. In: Jenisch, Susanne (Hrsg.): Standpunkte. Ergebnisse und Perspektiven der Frauengeschichtsforschung in Baden-Württemberg, Tübingen 1993, 56–70.

11 Die Dokumentation der Tagung erschien als erster Band der Reihe »Frauenstudien Baden-Württemberg«, Jenisch, Susanne (Hrsg.): Standpunkte, vergleiche Fußnote 10.